国家科技支撑计划项目（2015BAD06B02）资助

耕地细碎化空间尺度差异与整治协同研究

金晓斌　徐翠兰　刘　晶　隋雪艳　著

科学出版社

北　京

内 容 简 介

面对经济发展与耕地保护的双重需求，本书围绕生态文明、资源节约、粮食安全等国家战略，以江苏省为研究区，从理论、方法、实践三个层面对耕地细碎化的尺度特征、综合评价、整治协同、分异机制、类型分区等进行深入探讨。系统解析了耕地细碎化的空间尺度特征及其与土地整治的关联机制，构建了不同空间尺度下耕地细碎化多维综合度量模型；明确了省域尺度耕地细碎化及分维属性的空间分异特征，多层次分析了影响耕地细碎化空间分异的主导因素及作用机制；明确了耕地细碎化的地域分异类型，构建了"成因—特征"综合视角下的江苏省耕地细碎治理引导分区方案；并以典型项目区为例，探讨了土地整治对耕地细碎化的影响效应；最后，从整治目标、措施途径、提升建议等方面提出了新时期江苏省土地整治建议。

本书可供国土规划、土地管理、土地整治等相关单位的科技工作者参考，也可作为高校土地资源管理、土地整治工程、城乡规划、资源与环境科学等专业的教学参考资料。

图书在版编目(CIP)数据

耕地细碎化空间尺度差异与整治协同研究／金晓斌等著. —北京：科学出版社，2019.1
ISBN 978-7-03-059408-2

Ⅰ.①耕… Ⅱ.①金… Ⅲ.①耕地管理—研究—江苏
Ⅳ.①F323.211

中国版本图书馆 CIP 数据核字(2018)第 252700 号

责任编辑：许　健／责任校对：谭宏宇
责任印制：黄晓鸣／封面设计：殷　靓

科 学 出 版 社 出版
北京东黄城根北街 16 号
邮政编码：100717
http://www.sciencep.com

南京展望文化发展有限公司排版
北京虎彩文化传播有限公司印刷
科学出版社发行　各地新华书店经销

*

2019 年 1 月第 一 版　开本：B5(720×1000)
2020 年 4 月第二次印刷　印张：13 1/4
字数：256 000

定价：90.00 元
(如有印装质量问题，我社负责调换)

前　言

　　耕地资源事关国家粮食安全、经济安全、生态安全和社会稳定。在资源环境约束趋紧、耕地保护压力加剧、生态环境污染日益严峻的现实挑战下,通过工程技术方法稳定耕地数量、提高耕地质量、保障粮食安全是增强社会经济可持续发展能力的重要途径。

　　20 世纪 70 年代末期以来,以消除农村饥饿与贫困、维护农村社会稳定、实现社会分配公平为主要目标的家庭联产承包责任制的推行,对激发农户劳动热情、促进农业生产等发挥了积极作用。但与此同时,实践过程中依据土地质量好坏与地块离家远近搭配的土地分配机制,也在一定程度上导致农户经营的土地呈现出分散化、细碎化的特征。作为中国传统农业生产中存在的突出问题,耕地细碎化在丰富农业种植结构、降低农业生产风险、增加农民收入的同时,也在一定程度上造成农业生产效率下降、农村劳动力浪费、农业生产成本增加等负面影响,继而成为制约中国实现农业现代化和规模化发展的主要障碍之一。伴随快速的城镇化和工业化进程,城镇建设对农业空间的挤占作用明显,大量耕地问题(如耕地非农化使用、优质耕地流失、耕地质量退化等)不断涌现,耕地细碎化问题日趋严峻,由此引发的耕地保护不足、粮食安全威胁等重大社会问题日益受到政府及社会各界的关注。因此,破解耕地细碎化引起的生产成本增加、劳动力浪费、农业产出降低等问题,优化耕地空间格局,提高土地利用效率,已成为保障粮食安全、维护社会稳定、增强社会经济可持续发展能力的重要途径。

　　土地规模经营是提高土地利用效率的重要举措之一。为缓解耕地细碎化对农业生产的负面影响,近年来中央政府一直关注耕地细碎治理与空间格局优化工作。2003 年开始实施的《中华人民共和国农村土地承包法》强调稳定和完善土地承包关系,赋予农民长期而稳定的土地使用权限,减缓了由于农村集体组织内部权属调整造成耕地细碎化愈发严重的趋势;2013 年中央一号文件《中共中央国务院关于加快发展现代农业进一步增强农村发展活力的若干意见》强调稳定农村土地承包关系,要求"结合农田基本建设,鼓励农民采取互利互换方式,解决承包地块细碎化问题",并提出"家庭农场"概念,鼓励和支持承包土地向专业大户、家庭农场、农民合作社流转;2017 年中央一号文件《中共中央、国务院关于深入推进农业供给侧结构性改革加快培育农业农村发展新动能的若干意见》进一步深化了"加快推动土地流转、积极发展适度规模经营"的宏观部署。党的十九大报告提出"完善承包地'三权'分置制度",通过土地经营权的流转,促进经营权的协商交换、土地整理,实现小块变大块、连片经营,发展多种形式适度规模经营,提高土地产出率、劳动生产率、资源利用率。相关政策文件的颁布与实施标志着中国的传统农业生产进入规模、集约、现代农业的转型发展新时期。然而受耕地资源稀缺、平均主义以及自然条件差异等因素的综合影响,我国在耕地经营过程中普遍存在着地块面积狭小、形状杂乱、权属交织等细碎化问题。土地整治作为破解现代化建设进程中土地利用问题的政策工具,是世界上许多国家(地区)解决社会经济发展过程中土地利用问题的重要措施。在治理耕地细碎化方面,土地整治被视为一种有效模式并取得了显著成效。现阶段,农用地(耕地)仍是中国土地整治实施的主要对象,通过高标准农田建设,土地整治对改善农业生产条件、提高耕地质量、促进规模经营等发挥了积极作用。随着"数量—质量—生态"统筹建设的耕地保护新目标的提出,耕地资源的规模特征、空间格局、基础设施条件等区域耕地资源格局与细碎化状况将成为新时期土地整治关注的重要内容。深入认识耕地细碎化内涵及特征,有效分析区域耕地细碎化状况及问题、致碎驱动机制,对合理制定应对政策、明确扶持重点、改进整治方向等具有重要意义。

江苏省是中国工业化和城市化发展的前沿地区,其以 1.1%的国土面积承载了全国 5.78%的人口和 10.2%的经济总量。伴随快速的经济社会发展及城镇化进程,城镇建设对农业空间的挤占作用明显,区域人均耕地面积 0.057 hm^2(2014 年),仅为中国和世界平均水平的 60.96%和 24.78%。面对经济发展与耕地保护的双重压力,系统揭示耕地资源的细碎现状、致碎因素和细碎类型,对提升区域农业生产能力、促进资源节约集约利用、保障国家粮食安全等具有重要意义。鉴于此,本书基于耕地资源功能定位的空间层次性,探讨了耕地功能尺度差异与耕地细碎化的关联机制,明确了耕地细碎化的空间尺度特征,建立了不同空间尺度下耕地细碎化的分析框架;进一步围绕江苏省分析了耕地细碎化的空间分异特征,并从社会经济水平、土地分配过程、生产生活条件、自然环境特点、农业发展状况等方面解析了耕地细碎化的成因,探索了耕地细碎化的空间分异机制;结合对江苏省耕地细碎化空间分异特征与地域分异机制的解析,遵循"宏观异质性、局部均质性"的原则,构建了"特征—成因"综合视角下的江苏省耕地细碎化治理精细引导分区方案,明确了不同分区的耕地细碎化特征与空间分异机制,提出了耕地细碎化治理的重点方向与待解决的核心问题;最后,在对宏观耕地细碎化空间分异特征进行解析的基础上,以典型土地整治项目区为例,分析了项目区尺度耕地细碎化特征,探讨了土地整治活动对区域耕地细碎化的影响效应,提出了新时期江苏省耕地细碎整治的建议,以期为破解耕地细碎化制定合理应对政策、改进整治方向等提供导向支持,助力国家农业现代化战略的实施。

耕地细碎化受自然资源禀赋、生产利用方式、农村产权制度、经营管理形式等多方面因素的影响,研究内容涉及土地资源学、土地管理学、土地经济学、土地政策学等多个学科,系统研究的技术要求高、涉及面广、综合性强。由于时间仓促,加之水平有限,书中错误在所难免,恳请国内外同行及读者不吝赐教。

金晓斌

2018 年 9 月 30 日于南京大学

目　录

1 绪 论

 我国是一个传统的农业大国,农业、农村、农民问题("三农"问题)始终是关乎发展与建设全局的重要问题,而"三农"问题绕不开一个核心要素——土地。土地问题涉及亿万农民的切身利益。伴随我国快速工业化、城镇化进程,农村人口大量转移、人地分离和就业分化明显加快,谁来种地、怎么种地以及如何提高农地利用效率,成为统筹城乡发展面临的新问题。新时期有序推进农户承包土地经营权流转,发展农业适度规模经营,既是优化农村土地资源配置、保障粮食安全的战略选择,也是推进新型城镇化、加快农业现代化发展的必由之路。改革开放以来,我国现代化建设全面展开,国土空间利用发生了很大的变化。在实现了阶段性的经济快速发展和社会进步的同时,也出现了一些需要高度重视的问题,比如耕地的减少、生态系统的破坏、资源的过度开发、环境恶化等。因此,必须珍惜每一寸国土,控制开发强度,调整空间结构,使人口资源和环境相均衡,才能做到可持续发展。

 习近平总书记在十九大报告中指出,国土是生态文明建设的空间载体。国土资源的调查、评价、规划、管理、保护、合理利用和综合整治,关系到生态文明建设的"源头、过程、后果"等环节。其中,调查评价为生态文明建设提供精准的资源要素"家底";节约集约利用资源是有效保护资源、推进生态文明建设的根本之策;国土规划对国土空间布局、结构、功能发挥着引领作用,加快构建科学、适度、有序的国土空间开发格局,须规划先行;国土空间综合整治是培育"山水林田湖草"生命共同体、改善生产生活生态空间的重要抓手。通过加强和改进资源调查、保护、开发、利用、修复的全链条、全过程管理,推动资源管理、空间管制、生态管护融合发展,既为我国现代化建设提供坚实的资源保障,又适应我国社会主要矛盾转化、为人民群众提供更多优质的生态产品和服务,促进经济持续发展、人与自然和谐共生。

 按照十九大所提出的"构建国土空间开发保护制度"的要求,整体谋划国土空间开发,科学布局生产、生活、生态空间,及时启动新一轮土地利用总体规划编制工作,加快推进村级土地利用规划编制和实施,组织实施《全国国土规划纲要(2016—2030 年)》,全面编制省级国土规划,建立健全国土空间规划体系,将土地用途管制扩大到所有自然生态空间,推动形成集疏适度、优势互补、集约高效、陆海统筹的国土空间开发格局。而耕地资源作为人类从事农业生产活动的物质基础,通过工程技术手段改善农业生产条件、提高耕地质量、促进规模经营,对提升区域农业生产能力、稳定粮食生产格局、保障国家粮食安全、优化国土空间开发格局具有重要意义。

1.1 研究背景

1.1.1 资源环境约束趋紧

尽管我国地域广阔,国土资源丰富,但由于人口基数大,人均国土资源显著低于世界平均水平,这给国土资源开发利用带来巨大压力。如何在有限的国土资源条件下实现可持续发展是当前我国社会主义现代化建设过程中亟待解决的关键问题。在国土资源问题日益突出的背景下,社会矛盾也逐渐被激发出来,这使得国土资源开发利用愈发受到重视。从 20 世纪末以来,中国政府加大了国土资源的开发力度,相关资源主要用于发展工业及城市建设,为社会经济快速发展提供了巨大支持(姚震等,2014)。但在经济快速发展及产业结构转型过程中,国土资源配置也出现不均衡现象,工业、矿产以及城市化建设等占用了大量国土资源,导致部分地区农业耕地面积持续缩减,并且生态环境问题越来越严重,这不仅制约了国土资源开发效能,也影响了区域可持续发展战略的实施。中国国土资源开发与利用过程中存在的问题与约束主要包括以下几点。

1)耕地数量下降明显。部分地区由于国土资源过度开发,并且这些土地资源多用于工业及城市化建设,导致耕地数量持续下降,对区域农业发展产生了一定影响。在第二、第三产业兴起的同时,很多农民弃农从商、务工,对土地的投入逐渐下降,不少地区出现粗放式耕作,造成了一定程度的土地资源浪费,部分地区土地资源的质量持续下降。同时,部分土地资源在开发过程中,由于缺乏合理规划,导致整体布局零散,未形成统一化的宅基地(孙秋灵,2015)。部分农民对土地资源保护意识不强,在开发过程中未能对耕地资源进行妥善保护,造成耕地退化。另外,还有部分地区由于过度开垦,导致植被受到破坏,造成较为严重的水土流失。

2)后备土地资源利用不足。部分地区虽然具有较为丰富的后备土地资源,但由于规划缺失、开发无序等因素,在一定程度上造成了国土资源的浪费。在后备土地资源开发过程中,自发性开发比例较高,后备土地资源开发的规模性、整体性、系统性仍有待提升。同时,受到资金因素制约,使得基础设施建设投入不足,严重影响了开发效益。此外,后备土地资源开发利用中的环境治理与生态修复工作尚不到位。部分地区由于原生环境和自然植被破坏,出现了较为严重的水土流失、土地盐渍化等问题,给土地资源的复垦和再利用带来一定的阻碍。

3) 生态环境形势不容乐观。生态环境问题是国土资源开发、利用过程中最为典型的问题之一。首先,在城市基础设施建设过程中,由于保护力度不够,使野外生态系统受到持续破坏,影响了野生动植物的栖息环境,整个生态系统的平衡性受到影响。其次,大面积的土地平整,虽然能够将闲置土地转变为耕地等功能性土地,但也会对土地资源原有的地貌及植被产生破坏,可能对当地的生物多样性造成影响,导致区域内生物种群单调,不利于土地生态稳定(邢丽霞等,2012)。再次,在农业生产上广泛使用的化肥、农药,也给土地资源的生态环境带来巨大危害,部分地区的生态环境出现严重退化(赵丛林,2017)。

1.1.2 人地矛盾日益突出

土地资源是人类赖以生存的宝贵自然资源。随着可开发的后备土地资源的日益减少,中国人地之间的矛盾更加突出。由于对土地资源的不合理利用和开发,使得可耕地面积减少、水土流失、土地闲置等现象频出,严重影响着土地资源功能的发挥,对人类生存和发展产生负面影响。中国人地矛盾集中体现在以下几个方面。

1) 城镇建设占地严重。随着生活水平的提高,人们在满足基本生活需求之后,开始追求更加舒适的生活,包括在衣、食、住、行等方面,首当其冲的是人们的住房问题。而且随着人口增长和城市化进程,城镇规模不断扩大,人们的住房建设热情持续高涨。2000 年以后,随着城镇规模逐渐加大,很多农村居民开始在城镇附近购买新房居住。这在一定程度上促进了城镇房地产市场的发展,但伴随农村住宅建设完成后人们转移到城镇,也形成了农村宅基地的废弃、闲置现象,由于这部分宅基地仍然占用部分的农业空间,一定程度上造成土地资源的浪费;同时,城镇基础设施建设等对农业空间的挤占作用明显,耕地资源锐减。

2) 农村土地闲置浪费现象严重。随着经济的发展,农业生产技术不断进步,原来的春种、秋收活动变得更加简单方便,使农村的剩余劳动力增多;同时,农产品价格的不合理、农业生产上出现的入不敷出现象也影响了农民从事农业生产的积极性,不少的农民宁愿去城市打工,也不愿意从事农业生产。因此,伴随大量农村人口通过进城务工实现人口非农转移及生计兼业化,农民收入不断增加,建房需求不断增长,在农村建设规划缺失、严格土地管理制度缺位的情况下,较为普遍地存在新建房屋村外扩张、村内闲置、一户多宅、建新不拆旧等现象,形成村庄外扩内空、无序扩张的空间格局,降低了农村土地资源的利用效率。

1.1.3 耕地保护压力加剧

改革开放以来,中国在经济、社会各方面均取得可喜的成就,快速的城镇化进程在促进社会经济发展、提高人民生活质量的同时也在一定程度上造成建设用地空间急剧扩张、耕地资源锐减、生物多样性丧失、生态空间受损等一系列的资源环境问题。尤其是伴随城市化及工业化的不断加速,大量的耕地问题(如耕地非农化使用、优质耕地大量流失、部分存量耕地质量退化、耕地养分失衡等问题)不断涌现(谈明洪等,2005)。根据《中国国土资源公报》,2009 年全国耕地面积为 135.4×10^4 km^2,截至 2013 年底,全国耕地面积减至 135.1×10^4 km^2(Yang et al.,2000);《2016 中国国土资源公报》显示,截至 2015 年末,全国共有耕地 20.25 亿亩(1 亩 $\approx$ 666.7 m^2),数量虽比我们常提的 18 亿亩耕地红线多出了 2 亿多亩,但第二次全国土地调查的耕地质量等别成果显示,耕地总量中的优等地和高等地仅占 29.4%,而中低等地的占比高达 70.6%,形势仍然不容乐观。如果再考虑逐年递增的撂荒地及设施农用地等农业内部结构调整占用的耕地情况,我国耕地的承载能力已显得力不从心。耕地是我国最为宝贵的自然资源,我国人口多、耕地少的基本国情决定了耕地资源在我国经济建设与社会发展中的异常重要性和战略性。随着我国工业化、城镇化建设进程的不断深入和推进,耕地保护面临着多重压力。

1)耕地保护意识有待提高。国家层面非常重视耕地保护工作,先后出台了一系列文件加强耕地保护,中国耕地保护制度演进过程如图 1-1 所示。从制度设计来看,宪法选择规则、集体选择规则、操作选择规则、监督与惩罚机制对耕地利用进行了层层控制,且中央政府在操作层次上对耕地保护制度不断优化、改进,以适应耕地保护形势。在理想模式下,各项制度相互配合能有效地保护耕地数量、质量与生态;在具体实施过程中,中国耕地保护制度在保护耕地数量上或许能实现中央政府的制度目标,但在保护耕地质量、生态上的实施绩效较差,耕地土壤退化严重,不利于粮食安全的可持续性,各级部门的耕地保护意识还有待进一步提高(郭珍,2018)。

2)耕地集约节约利用程度不够。长期以来,土地资源管理中普遍存在重审批、轻监管的现象,政府储备土地中征而未用现象很普遍,已出让土地中也存在着大量闲置、低效、未利用地,尤其是耕地。同时,耕地违法占地行为处罚力度不足。当前,新增占用耕地的违法行为多半发生在集体土地上,按照《中华人民共和国土地管理法》规定,对于不符合土地利用总体规划的,没收地上建筑物,责

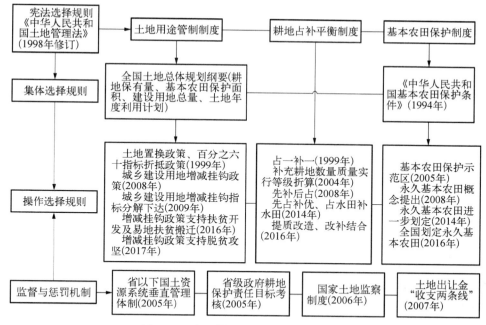

图 1-1 中国耕地保护制度的演进过程

令退还土地。但由于地上建筑物没收后属于国有资产,而土地只能退还给原集体经济组织,房地产权难以分离,又缺乏具体的实施细则,处罚起来实际执行难度较大。因此,各级政府虽然大都签订了耕地保护目标责任书,但在实际操作过程中往往流于形式,因土地违法问责的案例过少,处分过宽,难以形成高压态势(孙龙锡等,2018)。

1.1.4 耕地资源条件限制

中国耕地资源的基本态势可以概括为:一是耕地资源绝对量不大、人均量小,总量和人均量持续下降的趋势长时间难以逆转;二是耕地资源整体质量欠佳,优质高产田持续减少,劣质田不断增加,耕地质量总体水平下降;三是后备耕地资源量少、质差,开发利用难度较大;四是耕地资源区域分布不均衡,水土资源匹配严重错位等。

1)耕地资源绝对量不大、人均量小,总量和人均量持续下降的趋势长时间难以逆转。根据世界银行官方网站数据,2014 年中国现有耕地数量 $13.516 \times 10^7 \ hm^2$,远低于美国的 $15.461 \times 10^7 \ hm^2$,也低于印度的 $15.636 \times 10^7 \ hm^2$;人均耕地占有数量为 $0.08 \ hm^2$(仅占世界平均水平的 42.11%),全国超过 20% 的县区人均耕地低于联合国粮农组织(FAO)确定的警戒线($0.053 \ hm^2$)。由于建设用地、生态退耕和农业结构调整等多方面原因,近年来中国耕地总量呈明显的下降趋势。伴随着耕地总量持续减少的是人口的刚性增长,1952~2014 年的 60 多年间中国人均耕地面积从 0.19 hm^2 下降到 0.08 hm^2,下降幅度超过 50%。

为进一步掌握真实准确的全国土地基础数据,自 2007 年 7 月 1 日起,我国开展第二次全国土地调查(简称"二调")。尽管我国政府在高度关注耕地数量变化的同时,也重视对耕地质量的保护,采取了划定基本农田保护区等措施,但是从"二调"的结果来看,耕地质量不容乐观。全国有 5.65×10^6 hm^2(8 474 万亩)的耕地位于东北、西北地区的林区、草原以及河流湖泊最高洪水位控制线内。就耕地坡度而言,坡度在 15°以上的耕地面积为 1.62×10^7 hm^2,占耕地总面积的 12.0%,其中坡度在 25°以上的耕地(含陡坡耕地和梯田)为 5.50×10^6 hm^2(8 244 万亩),占比为 4.1%。就灌溉条件而言,有灌溉设施的耕地约为 6.11×10^7 hm^2(91 614 万亩),占比为 45.1%,主要分布在东部和中部地区;无灌溉设施的耕地 7.43×10^7 hm^2(111 463 万亩),占比超过 50%,主要分布在西部和东北地区。就耕地分布而言,水热条件相对较好的东部地区,耕地面积为 2.63×10^7 hm^2(39 446 万亩),仅占 19.4%;而西部地区和东北地区耕地面积达 7.84×10^7 hm^2,所占比例近 60%,其中西部地区共 5.04×10^7 hm^2(75 652 万亩),比例达 37.3%。从耕地增加的空间分布来看,增加的耕地主要分布在东北和华北,占全国增加耕地面积的 61.6%,其中增加的水田面积占全国的近 50%。1990 年以来,中国的耕地分布重心持续由南向北移动。中国北方水资源量只占全国总量的 19%,而耕地面积占全国的 65.3%,耕地平均水资源占有量为 8.31×10^3 m^3/hm^2,仅为南方的 1/8。耕地分布重心的持续北移,加剧了水土资源的不协调性,从而影响耕地的质量(谭永忠等,2017)。

2)耕地资源整体质量欠佳,优质高产田持续减少,劣质田不断增加,耕地质量总体水平下降。中国耕地有近 2/3 的分布在山区、丘陵和高原,耕地质量相对较差。石玉林院士对《中国 1∶100 万土地资源图》的评价结果显示,无限制、质量好的一等耕地约占中国耕地面积的 41.33%;有一定限制、质量中等的二等耕地占 34.55%;有较大限制、质量差的三等耕地占 20.47%;还有不宜耕种的耕地占 3.65%,其中坡度 15°以上的占 13.6%。根据 1995~2000 年统计资料并按农业部土肥站所定标准估算,现有耕地中高产田占 28%,中产田占 36%,低产田占 36%,即质量较差、产量不高的中产田与低产田占耕地总面积的 72%,耕地的总体质量欠佳。随着农业面源污染、污水灌溉、工业"三废"等问题对耕地质量的影响日趋凸显,中国耕地的质量总体水平呈明显下降趋势,目前全国土壤有机质含量平均水平已降到 1.0%,其中有机质含量低于 0.6% 的耕地面积占 14% 以上,明显低于欧美国家的水平(只占 2.5%~4.0%)。此外,耕地总量平衡条件下还隐藏着由于优质耕地流失和劣质耕地增加而造成的耕地质量亏损。表现在城市化和工业化过程中减少的耕地中相当一部分位于城镇周边,多属优质高产田;与之相反,开发和复垦的新增耕地大部分位于边远省份或丘陵山区,多为限制因素较多的劣质低产田,质量较低,往往增加 3 hm² 以上的劣质低产田才能弥补减少 1 hm² 优质耕地的损失。因此优质高产田减少、劣质低产田增加、耕地质量总体水平下降(蒋满元,2005)。

3)后备耕地资源量少、质差,开发利用难度较大。根据《2003 年中国国土资源公报》统计,中国现有后备耕地资源仅 7.34×10⁶ hm²,人均后备耕地资源面积仅为 0.005 7 hm²,其中位于西部地区的有 5.48×10⁶ hm²,占耕地后备资源面积的 74.66%,区域分布不均。中国宜垦土地本就有限,再加上水热匹配条件的限制,宜垦土地就更加稀缺。此外,现有耕地中有 60%~70% 的面积深受侵蚀、渍涝、盐碱、板结、砾石潜育层、砂浆层等因素的制约,开发利用难度大,还需要投入较多的资金、技术与人力。不仅如此,尽管中国已经推行了耕地资源总量的动态平衡原则,但是从结构上看,耕地减少中水田所占比例比较大,且耕地减少主要集中在水热条件较好的南方地区,减少的耕地大多为优良质地;从用地形式上看,无论是农业结构调整还是非农的建设用地,均以牺牲优质耕地资源为代价。

4)耕地资源区域分布不均衡,水土资源匹配严重错位。以大兴安岭—长城—兰州—青藏东南边缘为界,东部位于季风区,气候湿润、水源充足、地势平坦、开发条件优越,但人多地少,土地占全国的 47.6%,拥有全国 90% 的耕地和 93% 的人口。西部干旱、半干旱或高寒区难利用的沙漠、戈壁、裸岩广布,交通不便,开发困难,相对人少地多,土地占全国的 52.4%,耕地和人口分别仅占 10% 和 7%。以秦岭—淮河—昆仑山—祁连山为界,南方水资源占全国水资源总量的 4/5,耕地面积不到全国总耕地面积的 2/5,水田面积占全国水田总面积的 90% 以上;而北方水资源、耕地资源分别占全国总量的 1/5 和 3/5,且耕地中以旱地居多,且水热条件差,大部分依赖灌溉。耕地资源分布的不均衡性和水平资源的严重错位,进一步加剧了我国区域粮食供需关系的紧张和品种调剂的困难程度(张士功,2005)。

1.2 国内外研究进展

早在 17 世纪,耕地细碎化就成为许多国家土地利用过程中存在的显著特征。但是,耕地细碎化引起全球范围的关注,尤其是有学者定量研究其对农业生产的影响,却推迟了 200 余年。1911 年,旨在解决"破碎化难题"的"分散地块整理"研讨会被认为是土地细碎化研究的起步。自此,有关耕地细碎化研究的成果陆续问世。耕地细碎化问题在中国一直较为普遍,并长期存在。学术界以及政府部门对我国农业生产中的规模经营问题十分关注,但对于土地细碎化的关注较少,相关的研究成果较少。20世纪70年代末80年代初,我国推行家庭联产承包责任制,至20世纪90年代农村土地产权制度弊端的显露,使得人们对我国普遍存在的耕地利用细碎化现象越来越关注。

本书采用 CiteSpace 可视化分析软件,对国内和国外有关耕地细碎化的文献进行计量分析,厘清了国内外相关研究主题及研究趋势,以期更好地指导未来耕地细碎化的科学研究。

在分析的过程中,国内文献计量分析所用数据主要来自中国知网(CNKI),检索条件为:between(2000,2018)and(主题=耕地细碎化 or 主题=土地地细碎化)or(题名=耕地细碎化 or 题名=土地地细碎化)or(关键词=耕地细碎化 or 关键词=细碎化)(模糊匹配)。共检索出256篇相关文献。国外文献计量分析所用数据来自 Web of Science(WOS)核心合集,检索条件是标题:(land fragmentation)or(farmland fragmentation);时间跨度:2002~2018(由于 Web of Science 核心集最早只能检索到2002年)。索引类型包括:SCI-EXPANDED、SSCI、A&HCI、CPCI-S、CPCI-SSH、ESCI、CCR-EXPANDED 和 IC。共检索出162篇相关文献。

对检索得到的文献进行初步的年度分布统计(图1-2),得到对于耕地细碎化领域研究的初步认识。

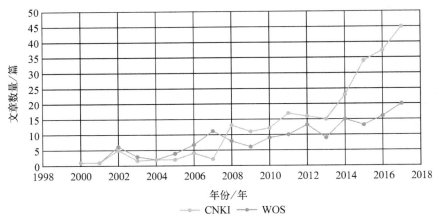

图1-2 国内外文献数量时间分布图

2002~2017年,国内外发表的有关耕地细碎化的文献总体呈现增长趋势,表明"耕地细碎化"研究被越来越多的学者所关注。特别是2003年后,CNKI 数据库中文献数量增长较快,这可能由于中国政府于2003年提出实行最严格的耕地保护制度,之后亦陆续颁布了诸多关于耕地保护的法律法规,国家层面对耕地保护的重视程度增强,极大地推动了学术界对耕地保护和耕地细碎化研究的积极性,衍生了大量的研究成果。

1.2.1 国内研究进展

国内研究进展通过 CiteSpace 软件对 CNKI 检索到的 256 篇文章进行关键词分析,生成的关键词图谱如图 1-3 所示,图中较大的节点为出现频次较高的关键词,并以关键词的共现频率高低绘制表 1-1,以此分析国内关于耕地细碎化的研究热点。

图 1-3　国内 CNKI 耕地细碎化研究关键词图谱

表 1-1　2000~2018 年耕地细碎化领域 CNKI 高频关键词(前 20)

序　号	共 现 频 率	关 键 词	序　号	共 现 频 率	关 键 词
1	62	土地细碎化	11	7	技术效率
2	27	细碎化	12	6	耕地
3	27	农地细碎化	13	4	影响因素
4	26	耕地细碎化	14	4	规模经营
5	21	土地流转	15	3	土地制度
6	16	农地流转	16	3	劳动者
7	9	林地细碎化	17	3	联耕联种
8	7	农户	18	3	丘陵山区
9	7	土地整治	19	3	农民
10	7	农业生产	20	2	交易成本

国内耕地细碎化研究的关键词出现频率的前四位为"土地细碎化""细碎化""农地细碎化"和"耕地细碎化",由此可以看出,目前耕地细碎化的概念较为模糊,尚未形成统一、公认的概念界定;关键词共现频率第5、第6位分别为"土地流转"和"农地流转",说明较多研究关注了相关内容;从第8~10位可以看出

农村土地整治是相关研究关注的重点。此外,国内的耕地细碎化的负面效应也与国外研究有所差异。

(1)耕地细碎化的内涵和量化

土地细碎化的内涵一般表述为"农户所经营的土地被分割为零碎的、分散的、地块大小不一的若干小块,并且每块的面积比较小"。这种内涵界定主要从土地产权的角度来进行,并没有考虑土地利用类型及种植结构的不同而导致的细碎化,因此存在很大的缺陷。例如,一个家庭耕种一块田地,面积为 0.667 hm²,但是在这块土地上套种 4 种作物,平均每一种植作物的面积仅有 0.133~0.200 hm²。从农户产权的观点,农户经营的土地未被分割、未形成分散的、大小不一的若干块,不属于细碎化研究的范畴,但是从土地利用的角度来看,种植不同种类的农作物相当于对土地利用方式进行分割,土地利用过程中仍然存在一定程度上的细碎化(孙雁,2013)。

(2)耕地细碎化与农地流转

耕地细碎化降低了农业规模生产的效率,而扩大农地经营规模的生产需求在一定程度上促成了农村土地市场的产生(黄贤金等,2001)。然而,对通过农地市场配置土地资源来降低中国农地细碎化程度的方式,学者们持有不同的观点。温铁军(2001)认为在中国目前城乡二元经济体制下,农产品市场的供求和价格波动无序,导致农户趋向于追求保险的兼业经营,农地市场使得农业经营规模进一步"细碎化"。谭淑豪等(2003)研究 1999 年广西、湖北、江西等省份 40 个农村固定观察点的数据后认为,在村庄层面上农地市场发育对耕地细碎化没有影响。而田传浩等(2013)通过对苏浙鲁地区农户调查数据进行计量分析,认为在农地市场的作用下,耕地零碎化程度得到了降低。农户租入耕地的面积越大、租赁期限越长,耕地块均面积越低。同时田传浩等(2013)还指出,由于农户之间自发交易农地,具有交易费用高、期限短、缺乏正式契约等缺点,很难促进土地集中和规模经营,对降低耕地零碎化没有统计意义上的显著影响;而村集体介入农地市场则能够降低交易费用,有效促进土地集中和规模经营,从而有效降低耕地零碎化程度。王兴稳等(2008a,2008b)、钟甫宁等(2010)对农地流转市场与农地细碎化的关系进行了系统研究,首先从中国人多地少的事实出发进行理论分析,提出现阶段农用地仍然具有不可替代性、就业保障功能、难以分割等性质,导致土地交易成本远远超过地块的规模经济,因而在农民内部难以通过市场调整合并地块。然后进一步通过对 2007年江苏兴化市和黑龙江宾县两地的农户调研分析,提出两个观点:一是,鉴于现阶段土地具有很强的就业保障功能,农民间长期土地租赁不可能大规模形成,农民间短期的、亲戚朋友之间的租赁对降低土地细碎化作用不大;二是,根据整群抽样调查数据模拟农民间农地交换以减轻土地细碎化的结果显示,由于地块不匹配、交换链条过长等原因,农民间农地交换很难成功。最后总结认为,现阶段只有农户数量大幅度减少并实现永久性的向城市移民才能逐步改变土地的就业保障性质,使农业用地的市场化调整具备必要条件。理论分析与实证研究都可发现,农地流转与耕地细碎化之间存在着紧密的联系。因此,随着城乡二元结构的破除,在农村社会保障制度健全以及农村劳动力转移途径畅通的情况下,通过农地流转市场进行资源配置将是解决农地细碎化问题的有效路径。目前国内的有关研究还有待继续深入,以图在理论分析与实证研究的基础上,结合中国经济社会发展实际给出具有实践意义的政策建议。

(3)耕地细碎化与农村土地整治

作为新农村建设和城乡统筹发展的重要抓手和平台,农村土地综合整治工作正在中国大力推行。从理论上看,农村土地综合整治有利于充分挖掘农村土地整理复垦潜力,增加有效耕地面积,改善耕地质量,促进土地的规模化利用,为坚守耕地保护红线、提高农业综合生产能力提供基础保障。其中,农地整理与农村居民点复垦工作均可为农地细碎化问题的解决带来积极影响。农地整理在进行科学规划设计的基础上,通过土地权属调整有利于实现"田成方、路成框、树成行、沟成网"的新型农业生产布局(顾宜,2010)。因此,土地整治成为改变土地细碎化、推动农村社会经济发展的有效手段(杨庆媛等,2004)。然而,Wu 等(2005)对基于农户问卷调查数据进行计量分析后发现,尽管农用地整治工作对提高耕地质量和农业生产率起到了积极作用,但是对农地细碎化的减轻没有任何影响。尽管其研究过程中收集的 227 份农户调查数据样本数略显偏少,但其定量研究结果为如何调整土地整治政策目标提供了一定的借鉴意义。王延强等(2008)通过对江苏省江都市的调研发现,在农户具有集中居住意愿且非农收入成为主要收入来源时,农户集中居住工程的实施将在很大程度上减轻农地细碎化程度。此时愿意进行集中居住的农户大多支持其所承包的土地在农户集中居住以后由集体统一经营,从而在一定程度上减轻了农地细碎化程度。从理论上讲,农民集中居住可以有效推进闲置农村居民点的复垦,从而为农地成片经营、减轻细碎化创造有利条件。然而,由于农地细碎化的减轻主要通过特定条件下的土地权属调整来实现,现阶段的农村土地综合整治仅在实现土地利用自然条件改善方面表现出积极作用,对减轻农地细碎化方面的贡献还需结合农村社会经济制度改革与农地权属调整手段进行深入研究,这也成为中国农地细碎化问题研究的又一重要内容。

(4)耕地细碎化的负面效应

经验分析表明,耕地细碎化不仅由于田埂的大量存在而浪费了耕地资源,还阻碍了大型农业机械设备的使用、增加了农田基础设施成本,从而降低了农业规模效应。诸多学者从耕地细碎化对规模经济、粮食生产效率、生产成本的影响等方面就中国耕地细碎化负面效应问题展开了定量研究。万广华等(1996)通过将农户拥有的地块数量纳入水稻、小麦、玉米、薯类等粮食作物的生产函数中,研究发现土地分块对粮食产量的影响为负,且在统计上十分显著,认为土地细碎化不但降低了中国农作物生产中的规模经济效应,而且严重影响粮食产量;同时,若地块数每增加一块,块茎粮食作物的产出将减少9.8%,小麦产出减少6.5%,其他作物产出减少不到2%;如果农地细碎化被消除,则中国的粮食产量每年能增加$7\,140 \times 10^4$ t。张尹君杰等(2008)利用河北全省2004年农户固定观察点资料的回归分析,同样表明土地细碎化不但降低了河北省玉米和小麦生产的规模经济效应,而且还影响了它们的产量。苏旭霞等(2002)利用山东莱西市的农户调查数据构建粮食生产函数,研究发现,用地块数量所表示的农地细碎化对中国粮食生产的规模效应有负影响,其明显降低了农业生产的技术效率,预测结果表明土地归整后粮食单产将有较大幅度的提升;同时,采用分组对比法、因子分析方法和聚类分析法对农地细碎化与农业生产关系的研究表明,农地细碎化提高了机械的物质费用,降低了粮食生产的劳动生产率、土地生产率和成本产值率。刘涛等(2008)通过对2007年农户调查数据的回归分析发现,代表农地细碎化的S指数对农户复种指数及平均土地综合产出率的提高均有显著的负面影响。

综合而言,耕地细碎化对农业机械化及现代化的发展产生了一定的负面影响,但这方面的定量研究尚不多见。侯方安(2009)研究发现农地细碎化并没有对农业机械化产生负面影响,这一结果与理论预期相反,这可能与其运用农业从业人员的人均经营耕地规模作为细碎化表征指标有一定的关系。总之,对耕地细碎化对农业生产正负影响的研究较为丰富,学者对耕地细碎化的合理性及其负面效应进行了较为深入的剖析,详见表1-2。

表1-2 耕地细碎化对农业生产带来的可能影响

	正面效应		负面效应	
	私人角度	公共视角	私人角度	公共视角
短期效应	分散自然或者市场风险 种植多元化且富有弹性 充分使用劳动力	公平性 稳定性	种植投入增加 边界增加,浪费土地 通达性较差,浪费时间	占用更多的人力资源 提高土地流转成本
长期效应	土地的继承更有弹性 小块土地的买卖、出租比较便利	增加生物多样性 避免病虫害大规模传播	土地权属争议增多 灌溉等基础设施供给困难 大型机械较难操作 新技术的推广可能困难	阻碍农业机械化进程 土地利用规划较难操作 难以大规模、专业化生产 阻碍农业技术进步

1.2.2 国外研究进展

通过 CiteSpace 软件的对 WOS 检索到的 162 篇国外文章进行关键词分析,生成的关键词图谱如图 1-4 所示,图中较大的节点为出现频次较高的关键词,并以关键词的共现频率高低绘制表 1-3,以此来分析国外关于耕地细碎化的研究热点。

表 1-3   2002~2018 年耕地细碎化领域 WOS 高频关键词(前 20)

序 号	共 现 频 率	关 键 词	序 号	共 现 频 率	关 键 词
1	40	land fragmentation	11	11	cover change
2	27	fragmentation	12	10	efficiency
3	21	conservation	13	10	biodiversity
4	18	pattern	14	9	forest fragmentation
5	16	impact	15	9	gi
6	16	habitat fragmentation	16	8	dynamics
7	16	China	17	8	area
8	14	agriculture	18	8	scale
9	13	landscape	19	8	diversity
10	12	deforestation	20	8	consolidation

通过分析耕地细碎化领域高频关键词,发现国际研究除分析耕地细碎化内涵外,更加关注其对农业生产的影响。

1.2.2.1   耕地细碎化概念

国外学者对土地细碎化内涵的界定也未形成比较权威、统一的表述。Schultz(1953)认为土地细碎化是农场中地块分配不合理、资源利用失效的体现,他给出的定义为:农场拥有 2 个或以上的地块组成,地块与地块之间被分割,无法进行统一、有效的管理。Dovring(1960)认为土地细碎化是把土地分割成数量众多、具有明显界限的地块,他使用

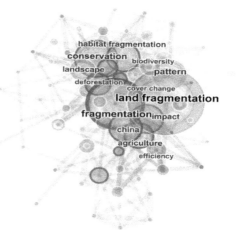

图 1-4   基于 WOS 文献库的国际耕地
细碎化研究关键词图谱

"lotdepropriété"和"parcelle"两个概念来阐述细碎化,前者指"一块地被不同产权的地块所包围";后者指"与该地块属同一产权的地块,但其位置却相差甚远"。Agarwal(1971)将土地细碎化定义为农民拥有土地平均规模的缩小、土地分散程

度的加剧以及农场中单幅地块规模的减小。McPherson(1982)认为土地细碎化是指农户拥有分散的、面积不等的几块土地。Nguyen 等(1996)则认为土地细碎化是指农户经营至少 1 块以上分开的地块。

1.2.2.2　耕地细碎化对农业生产的影响

国外对耕地细碎化问题的研究较早,尤其对耕地细碎化的合理探讨以及耕地细碎化对农业生产的影响等,已经积累了较为丰富的研究成果,归纳起来主要包含 4 个方面。

(1) 对农业经营多样化、分散经营风险的影响

部分学者从农户角度对耕地细碎化的合理性进行了分析,认为耕地细碎化的存在对农业经营的多样化、农民分散经营风险起到了积极的作用。例如 Bentley(1987)认为在特定的条件下(如农业生产高风险地区、人地比例高尤其有大量剩余劳动力的地区),土地细碎化可以分散农业生产风险、充分利用劳动力资源,因而这种现象的存在是有必要的。Blarel 等(1992)和 Heston 等(1983)认为土地细碎化可使农户通过多样化的生产经营方式,降低农业生产风险。Falco 等(2010)对保加利亚农场的调查研究发现,农地细碎化的影响是双重的,在阻碍提高农业生产率的同时,却对种植多元化产生了积极影响,而种植多元化又促进了农场利润的提高。Hung(2007)等通过对越南北部 2 省 179 个农户 303 个地块的调查研究发现,土地细碎化并不是分散农业产出风险的显著决定性因素,但它却是农作物多样化种植的显著性因素。

(2) 对劳动力有效利用的影响

国际学者针对土地细碎化与劳动力利用的关系研究也取得了一定的成果。例如,Fenoaltea(1976)认为当农业经营对劳动力有很强的季节性需求时,如果不存在一个完整的劳动力市场,农地细碎化可以缓解劳动力供给不足的情况。Hung(2007)等的研究结果表明,在越南北部省份,用每个农户所拥有的地块数量衡量的土地细碎化与农作物产量或收益不相关,与化肥及其他投入成本也不相关,但与劳动力的利用相关。Wu 等(2005)通过 1996 年在河北和湖北对 227 个农户的抽样调查,分析农业综合开发对我国农业生产的影响,结果表明,土地细碎化的存在并没有显著地影响农业产出水平,降低土地细碎化程度仅是为了节约劳动投入。

(3) 对农业生产成本、技术效率的影响

国外学者对细碎化与农业生产成本、利润、技术效率等的关系研究开展得较早,并且多以定量化研究手段为主。Sargent(1952)认为土地细碎化的存在提高了农业生产成本、难以实现农业机械化,从而限制了农业产出的增长。Jabarin 等(1994)利用对约旦北部的农户调查资料,以小麦为例构建计量经济模型,研

究结果表明土地细碎化对小麦生产成本有显著的负面影响。Hazarika 等（2003）对马拉维烟农的研究表明，地块大小对成本效率有显著的正影响，即土地的细碎化将负面影响烟农的成本效率。Wadud 等（2000）运用随机前沿函数和 DEA 方法研究孟加拉土地细碎化对技术效率的影响，结果显示，土地细碎化程度较低（即拥有平均地块较大）的农户，其生产技术率更高。Sherlund 等（2002）控制了地块的环境特征之后测试了科特迪瓦传统水稻小农户的技术效率，发现经营规模大的农户的技术效率更高。

（4）对农产品产量的影响

当前，土地细碎化对农产品产量的负面影响已经得到较为一致的结论。Sherlund 等（2002）针对科特迪瓦的研究结果表明，增加规模经营相比分散经营对水稻的产量提高有积极的帮助。Jabarin 等（1994）通过对马其蔬菜、水果种植专业化农场的调查研究发现，农地细碎化无论是对产量还是农场利润都产生了负面的影响。国外学者以中国为实证对象，研究并验证了土地细碎化对农产品产量的负面影响。其中，Flsisher 等（1992）利用来自吉林、江苏、河南、河北和江西的数据，运用 C－D 函数来分析土地细碎化对生产率的影响，结果表明，细碎化每增加 10%，将导致产量下降 5.7%。Tin 等（1996）利用对吉林、山东、江西、四川和广东农户的调查资料，以水稻、小麦和玉米作为研究对象，构建含有土地细碎化指标（平均地块面积）的函数模型，结果表明，平均地块面积与这 3 种粮食作物产出之间存在明显的正相关关系，意味着土地细碎化的存在降低了农作物的产出水平。

国外研究表明，农地细碎化对农业生产的影响机制较为复杂，不同地区不同经济社会条件下，农地细碎化可能产生迥异的影响结果。概括而言，土地细碎化可以分散农业生产风险、充分利用劳动力资源，对农业生产有一定的积极作用；但同时，土地细碎化增加了农业生产成本，降低了农业规模经济效应和产出水平，对农业生产具有一定的负面影响。

1.3　研究内容与目标

1.3.1　研究内容

本书主要以江苏省为对象开展耕地细碎化研究，期望在明确耕地细碎化空间尺度特征的基础上，形成一套科学、完整、实用的耕地细碎化评价指标体系，明确耕地细碎化的空间分异特征，探测耕地细碎化的空间分异机制，以期为改进耕地细碎治理方向、促进规模化农业经营提供有益借鉴，助力国家现代农业发展。

耕地细碎化的形成同时受自然与人为两种不同性质驱动力的影响。前人对耕地细碎度的评价研究主要关注空间上的地块分割,而忽略耕地自然属性、利用属性、空间属性等对耕地细碎化的影响。基于此,本书以江苏省为案例,利用土地利用现状数据、耕地质量分等定级补充完善数据、遥感影像资料、统计年鉴等基础数据,以镇(乡)为基本评价单元对省域内的耕地细碎化状况进行分析,研究多空间尺度下的耕地细碎化定量测度科学描述方法,同时综合应用多元回归分析、地理探测器等研究方法分析区域耕地细碎化的空间分异规律,为区域耕地资源的合理利用与保护提供科学依据,并丰富相关研究领域的理论框架。具体研究内容如下。

1)耕地细碎化理论基础研究。从耕地资源功能定位的空间层次性入手,探讨耕地功能尺度差异与耕地细碎化的关联机制,明确耕地细碎化的空间尺度特征,建立不同空间尺度下耕地细碎化的分析框架。

2)江苏省耕地细碎化空间分异特征研究。在对耕地细碎化进行理论解析的基础上,建立宏观尺度下的耕地细碎化测度评价指标体系,分析江苏省耕地资源格局特征与细碎化状况,明确省域耕地细碎化空间分异特征。

3)江苏省耕地细碎化空间分异机制探索。在明确江苏省耕地细碎化空间分异特征的基础上,从社会经济水平、土地分配过程、生产生活条件、自然环境特点、农业发展状况等方面解析耕地细碎化的成因,探索耕地细碎化的空间分异机制。

4)江苏省耕地细碎化类型分区研究。基于对江苏省省域内耕地细碎化空间分异特征的研究,结合耕地细碎化成因机制探索,遵循"宏观异质性、局部均质性"的原则,构建"特征—成因"综合视角下的江苏省耕地细碎化治理精细引导分区方案,明确不同分区的耕地细碎化特征与空间分异机制,提出耕地细碎化治理的重点方向与解决的核心问题。

5)典型整治项目区耕地细碎化特征解析。在对宏观耕地细碎化空间分异特征进行解析的基础上,以典型土地整治项目区为例,分析项目区尺度耕地细碎化特征,探讨土地整治活动对区域耕地细碎化的影响效应。

1.3.2 研究目标

1)丰富耕地细碎化的空间尺度特征,提出不同空间尺度下的耕地细碎化测度方法体系,完善耕地细碎化研究的理论框架。

2)建立多尺度特征下的耕地细碎化综合测度模型,利用综合评价体系对江苏省各乡镇进行耕地细碎化评价并分析江苏省内各评价指标的空间聚集情况,明确江苏省耕地细碎化的空间分异特征。

3)明确江苏省耕地细碎化的空间分异机制,建立"特征—成因"视角下的耕地细碎化分区体系,提出不同类型分区的耕地细碎特征与治理方向,促进规模化、现代化农业发展。

4）明确土地整治活动对耕地细碎化的影响效应,为因地制宜地完善区域耕地细碎治理方向提供科学依据。

1.4 研究方法与基础理论

1.4.1 研究方法

本书的研究内容涉及土地资源管理学和地理信息系统科学相交叉的学科,对于展开相关的研究需要多方面的专业性知识相结合,应用的研究方法主要有以下几种。

1.4.1.1 自然科学与社会科学相结合的方法

耕地细碎化及相关研究涉及自然、经济、社会等诸多方面内容,因此本研究既是自然科学问题,也是社会科学问题,需要综合运用自然科学与社会科学研究方法(如系统科学、数学、经济学、社会学等)进行系统集成化研究,以提高研究成果的科学性和适用性。在参阅国内外关于耕地细碎化研究的相关文献的基础上,选取可量化的指标及方法,构建耕地细碎化研究方法体系。

1.4.1.2 理论分析与实证分析相结合的方法

以江苏省为实证研究区域,在收集整理江苏省现有数据、图件、文字等资料,以及获取地形、区位、交通和土地利用等基础地理数据和外业调查分析的基础上,结合较为成熟的理论分析框架,展开案例区的实证研究。本书采用资料收集、实地调查法等传统方法以及地理信息系统技术和数理统计方法等现代新技术相结合的研究方法,在收集、统计、评价、分析有关数据的同时,从多个角度展示相关研究成果。

1.4.1.3 定量与定性分析相结合的方法

由于研究中涉及的因素既有可定量的,也有难以定量的,因此需采用定量和定性分析相结合的研究方法。通过构建数学模型,以定量分析为基础,对难以量化的因子进行定性描述。综合运用相关软件进行数理统计与空间分析,探讨耕地细碎化的空间尺度特征与地域分异机制。

1.4.2 基础理论

1.4.2.1 可持续发展理论

可持续发展有着极其丰富的内涵,在不同的领域有着不同的理解。其中布伦特兰夫人着重于代际公平的定义影响最广,在《我们共同的未来》报告中,可持续发展的定义为"既满足当代人的需求,又不对后代人满足其自身需求的能力构成危害的发展"(Brundtland,1987)。布伦特兰夫人对可持续发展的定义强调了人地关系的"代际公平",但忽略了"区际公平"。事实上,"区际公平"与"代际公平"在可持续发展领域同等重要。我国地理学家从区域属性角度,对可持续发展定义进行了补充,如牛文元等(1994)提出可持续发展是满足特定区域的需要而不削弱其他区域满足需要的能力的发展。这里蕴含的意思就是任何区域的发展都不能以损害其他区域的发展能力为代价。

土地是农业最基本的生产要素,是人们赖以生存的基础。土地作为一种不可再生资源,其总量有限,无法通过任何途径增加其总量,只能提高其利用效率。江苏省国土面积有限,人口密集,自然资源相对不足,生态环境承载能力较弱。在快速的工业化和城市化进程中,经济社会发展与国土资源利用的矛盾进一步凸显。耕地资源是一种不可替代的宝贵自然资源,是区域可持续发展的基础条件之一。当前的耕地资源研究较多侧重于耕地数量动态变化及其与社会经济发展之间的关系和联系,而相对忽视耕地资源的组合结构以及空间格局特征。耕地细碎化是由自然、经济、制度、人口、地理、技术等多种影响因素引起的综合现象,普遍存在于全国各地,严重阻碍了规模经营和农业机械化进程,并在一定程度上对农作物产量造成负面影响。耕地数量有限和位置固定的特性使得人们在利用土地时必须以可持续发展理论为指导,才能合理高效地利用土地。

1.4.2.2 地域分异理论

自然地理环境是由地形地貌、气候、水文地质、土壤、植被和生物等多种要素组成的自然综合体,各组成要素在地球表面呈现出一定的分布规律,这就必然造成这个综合体的客观存在一定程度上表现出规律性分布特点。自然地理环境这种按其位置条件的不同,分化成不同类型的现象,在地理学上被称为地域分异,反映出地域分异的客观规律,称为地域分异规律(徐为等,2004)。土地资源及其构成要素在空间分布上具有显著的地域分异特征,并且存在一定客观分布规律,可称为土地资源的地域分异规律(吴传钧,1996)。

地理区划是地理学的传统工作和重要研究内容,是从区域角度观察和研究地域综合体,探讨区域单元的形成发展、分异组合、划分合并和相互联系,是对过程和类型综合研究的概括与总结。地域差异则是将地球表层的自然、经济、人文、环境等要素的区域差异有规律地表现出来,是地理区划的基础(郑度等,2001)。

土地整治受自然环境和土地资源条件的影响,决定了土地整治具有地域分异性。现阶段,农用地(耕地)仍是土地整治实施的主要对象,通过高标准农田建设,土地整治对改善农业生产条件、提高耕地质量、促进规模经营等发挥了积极作用,对提升区域农业生产能力、稳定粮食生产格局、保障国家粮食安全等具有重要意义。因此,土地整治应遵循因地制宜的原则,遵循地域分异规律,以耕地细碎化的区域差异为基础,结合区域资源环境特点,完善土地整治工程类型分区体系,有效实现分类指导和差别整治,为土地整治工程开展提供参考及依据。

1.4.2.3　人地关系理论

人地关系简单来说即人类与地理环境之间的相互关系,主要指人类在发展过程中加强了对地理环境的适应能力并对环境进行改造,另外地理环境的特殊性又使人类产生地域差异。人地关系理论是人类对人地关系的认识论,同时也是人文地理学的重要理论基础。

吴传钧(1991)指出地理学研究的特殊领域即研究人地关系的地域系统。随着人地关系理论研究的进一步深化,学者开始认为任何区域开发、区域规划和区域管理都必须以改善区域人地相互作用结构、开发人地相互作用潜力和加快人地相互作用在人地关系地域系统中的良性循环为目标,为有效进行区域开发和区域管理提供理论依据。人与土地综合体的关系是人地系统的基本关系,主要包括土地承载力、人地关系地域关联互动原理等,进而形成和谐的人地关系格局(欧阳玲,2008;朱会义等,2001)。

面对我国人口众多、耕地资源稀缺的现状,通过农用地整治,充分、高效利用现有耕地资源,是一种协调人地关系的有效手段,有利于建立人与自然和谐发展的土地利用系统。

1.4.2.4　土地资源优化配置理论

土地资源的配置本质上是从宏观到微观的过程。土地利用的综合特征表现在其组成成分及各要素在组织水平上具有层次性。区域土地利用配置的层次模式表现为宏观、中观和微观三个尺度。宏观配置是政府根据区域内自然和经济发展的差异确定各区域内的土地利用宏观方向;中观层次是政府进行各类用地数量指标分解和结构的综合平衡,对土地利用进行宏观控制、协调、组织与监督,为区域土地利用设定总体发展框架以及进一步配置各业内部用地比例;微观配置研究人和单位土地使用者,土地利用主要考虑最大经济效益,土地作为生产要素进入市场,通过市场机制来进行土地利用的优化配置(张杰等,2010)。

区域土地利用配置只有按照宏观、中观到微观分步骤、分层次落实,才真正使土地利用配置具有可操作性,并逐步达到土地可持续利用的目标。土地利用优化配置,既包括宏观数量与空间结构格局的优化,也包括微观尺度生产要素的合理比配,是一个多目标、多层次的持续拟合与决策过程。土地利用优化配置,是针对土地资源经济供给的稀缺性以及土地利用过程中的不合理性而提出的。"配置"是一种过程和手段,目的在于把一定的土地利用方式与土地的适宜性、社会经济性进行适当比配,形成合理的土地利用结构,以最大限度地提高土地的综合效益。

2 耕地细碎化概念与成因

耕地细碎化研究,首先需要厘清耕地细碎化的概念与内涵,明确研究定位。因此,本章在对耕地细碎化的概念及内涵等进行界定的基础上,从自然因素、社会因素、制度因素几个方面系统梳理耕地细碎化的成因。

2.1 耕地细碎化概念

耕地是人类进行农业生产活动的资源保障,同时也是人们赖以生存的根本。耕地细碎化是与土地规模经营相对应的土地利用格局,是许多国家农业发展中存在的主要问题之一(王军强等,2014),尤其是在发展中国家。耕地细碎化不仅制约当前农村生产力的发展,也导致许多现代化的农业机械无用武之地,是制约我国农业现代化发展的重要因素(王亚辉等,2017)。

"细碎化"一词源于三国时期韦昭所著的《叙》中"解疑释滞,昭晰可观,至于细碎,有所阙略",最早的意思是琐碎、细小。耕地细碎化,在中国通常被称作土地细碎化、农地细碎化等,也有少部分学者称之为土地零碎化、土地破碎化、耕地零碎化等。尽管国内外学者定义耕地细碎化的名称不同,但其研究对象均为耕地。从中国历史来看,耕地细碎化这一现象,在土地私有制或公有制的时代均存在。自北魏孝文帝太和九年(公元 485 年)起,开始实行"均田制",一直延续到唐德宗建中元年(公元 780 年)实施的"两税法",到唐玄宗开元年间,中原地区已施行"均田制"两百多年,边疆地区自隋唐实行"均田制"一百多年后,耕地细碎化的现象也已普遍存在。从宋朝开始,由于人口压力和土地资源的稀缺,再到明清时期制定的鱼鳞册,耕地细碎化的现象已经相当严重。20 世纪 20 ~ 30 年代,中国农户平均拥有地块 5.6 ~ 11.6 块,从居住地到地块的平均距离为 645 m,其中小麦区为 805 m,水稻区为 485 m(叶春辉等,2008)。20 世纪 70 年代末期以来,中国家庭联产承包责任制的推行提高了农民的生产积极性,有效促进了农业生产,也提升了农业生产效率。然而,"好丑均摊、远近搭配"的分田制度,在一定程度上导致了农民一户多田的土地细碎化现象。

目前,在国内外学者对耕地细碎化问题的研究中,关于耕地细碎化定义的研究尚未统一。国外耕地细碎化的内涵主要由农场土地利用引申而来,通常称为"land fragmentation"。Binns(1950)认为耕地细碎化是指一个农场由许多分开、不相连接的地块所构成,并且这些地块散布在一个比较大的范围内;Papageorgiou(1963)强调地块间距离对细碎化的影响,因而将耕地细碎化定义为在一个较大区域内拥有数个分散地块产权的现象;Schultz(1953)认为耕地细碎化是指农场拥有2个或2个以上的地块组成,地块与地块之间被分割,无法进行统一、有效的管理,是资源利用不合理的体现;Dovring等(1960)认为耕地细碎化是把土地分割成数量众多、具有明显界线的地块,并且认为一块被不同产权的地块所包围或与该地块属于统一产权的地块,但是其位置相差甚远;Agarwal(1972)认为耕地细碎化是指农民拥有土地平均规模的缩小、土地分散程度的加剧以及农场中单幅地块规模的减小;King等(1982)认为耕地细碎化是指农户拥有分散的、面积不等的几块土地;Mcpherson(1982)将耕地细碎化定义为农户经营至少一块以上且分开的地块;Zhang等(1997)从经济学的角度来分析耕地细碎化,认为耕地细碎化存在地块的规模不经济现象。

在我国对耕地细碎化的研究中,苏旭霞等(2002)认为土地细碎化是指每个农户的土地分为零碎的几块,农户所拥有的土地地块大小不一、距离不等。其指出这一现象产生的原因是土地平均分配机制,土地平均分配首先满足了农户的"公平"要求,形成了社区内人人享有土地经营的格局。然而土地的均分导致了由于农户家庭及其人员的变化对土地的再分割,土地划分零碎,使用分散。许庆等(2007)认为所谓土地细碎化,就是一个农户经营一块以上的土地,这些土地分布在居住地周围,互不相连,但在一定合理的距离之内。孙雁等(2010)指出耕地细碎化是指受人为或自然条件的影响,耕地难以成片、集中、规模经营,土地利用呈插花、分散、无序的状态。吕晓等(2011)认为耕地细碎化是指农户经营一块以上,分布在居民点周围,相互不连接但在一定合理距离范围内的耕地。赵凯(2011)认为耕地细碎化是由于中国自然因素、经济因素、社会因素、制度和政策因素的影响,从而形成的一种农户在农业生产的过程中出现的土地的地块数量相对较多、单个地块的面积较小且存在差异、肥沃程度不一致、家庭距离地块远近不等的农户经营土地形式。文高辉(2016)将耕地细碎化定义为农户经营多块面积大小不一且分散的耕地的现象。

综合以上对土地细碎化的定义可以看出,目前国内外学者对耕地细碎化的定义缺乏广泛认同,耕地细碎化内涵界定尚未统一,衡量标准、评估方法也不尽相同。国外对土地细碎化的概念一般界定为农户拥有多块土地,其中多数地块面积较小,互不相邻。主要体现在地块的数量、分布以及大小等方面,而我国对耕地细碎化的概念界定为农户拥有多个地块,且地块狭小、分布无序,导致耕地无法达到适度规模经营,主要体现为地块数量较多、地块面积较小、地块之间远近不一等。这种概念界定的角度主要立足于一定空间范围内的产权、距离等,往往过度强调农地产权被细分为较小的单元,以至于难以进行合理耕作;同一产权的耕地之间彼此不毗邻,不同产权的地块混合分布在一起;地块之间的距离是体现耕地细碎化的重要因素。

基于此,本书认为耕地细碎化是受因自然环境限制、人为利用不当、土地利用制度不完善等因素的影响,造成耕地规模偏小、地块零散、形状不规整、权属分散、流转不易,限制土地规模化、集约化、专业化经营的现象。研究耕地细碎化的出发点是分析耕地的数量、规模、形态及空间分布状况;其解决途径是通过田块整理、基础设施建设、村庄改造建设等措施和手段,改善农业生产条件和区域生态环境,使耕地细碎化程度得到有效改善;其最终目标是促进土地规模化经营,提高粮食产量,保障粮食安全。

2.2 耕地细碎化成因

有关细碎化的成因,现有理论从供给侧和需求侧两方面进行解析。从土地供给的角度来看,由于土地继承制的存在和不断增加的人口压力导致了土地相对稀缺和共有产权的瓦解,土地的细碎化表现为农户的外生变量,即并不是农户主动选择了耕地的细碎化。从土地需求的角度来看,耕地细碎化是在细碎化的私人收益大于成本的情况下,农户主动造成的一种土地利用状态,此时细碎化被视为农户的选择变量。如在经济发展水平不高的地区,土地是农民生存的保障,当缺少相应的保障(如保险、信贷等)以规避农业生产过程中的风险时,农民就会通过耕种多种作物来分散市场及自然灾害等风险(谭淑豪等,2003),这就带来了耕地的细碎化。但无论从哪个方面进行解析,细碎化的成因主要包括自然、社会、制度等因素。

2.2.1 自然因素

2.2.1.1 地形
地形是导致耕地细碎化的重要因素之一,尤其是在山区和丘陵地区,由于地形的起伏或者耕地田面的高低起伏,导致耕地地块的高低起伏不一,从而带来了耕地的细碎化。这种由于地形引起的耕地细碎化是正常的,而且是难以避免的(李功奎,2006)。我国农地大部分分布在山区、丘陵和高原地区,小部分在平原和盆地,导致大规模连片耕作较为困难(郭海霞等,2008)。

2.2.1.2 水文条件

在降水丰沛、水系发达的地区,河网纵横交错,耕地被河流、沟渠、坑塘水面等分割成大小不一、形态各异、零散分布的许多块,土地规模化利用的难度较大、成本较高,带来了耕地的细碎化。

2.2.1.3 土壤质量

土壤质量也是造成土地细碎化的一个因素。由于不同耕地土壤质量之间存在差异,适宜种植的作物类型不同,从而导致耕地利用与经营上的细碎化。此外,由于不同耕地的肥沃程度不同,在土地分配过程中,为了追求社会的公平,会将质量相近的耕地分割成多块分给农民,从而导致耕地的细碎化。

2.2.1.4 自然灾害

我国是世界上农业生产受自然灾害影响最严重的国家之一,当自然灾害发生时,大面积的耕地被毁坏,耕地质量也会发生较大的变化。耕地被损毁后,人们对能耕种的地块重新进行分割,造成耕地的细碎化。

2.2.2 社会因素

2.2.2.1 历史文化

平均主义的思想深深根植于中国传统文化中。自春秋时期起,孔子的"不患寡而患不均"、墨家的"尚同"以及《礼记》中的理想大同等就蕴含着平均主义的思想;宋元时期,张载的《经学理窟》、李觏的《平土书》、康与之的《昨梦录》都提到了均分土地的主张;明清时王艮的"均分草荡议"、颜元的"天地间田,宜天地人共享"等思想都是平均主义在土地分配上的体现;及至近代太平天国的《天朝田亩制度》、康有为的《大同书》、孙中山平均地权的主张,乃至中国共产党领导的土地革命等都受到中国传统文化中平均主义思想的影响。

平均主义的思想和原则在20世纪70年代末~80年代初体现为农村的家庭联产承包责任制:在数量上,按照人口数量或劳动力数量(或比例)分配土地;在质量上,按照土壤肥沃程度分配土地;在空间分布上,按离家远近分配土地。并且土地的分配会随着人口数量或人地比例的变化而不断地进行调整,在人口压力不断增加的过程中,农民承包的土地频繁地进行调整,土地被划分后规模日益减小、分布日益零散,加剧了耕地细碎化程度。

2.2.2.2 人地比例

因人地比例关系的变化造成的土地周期性再分配,使得我国人均耕地面积越来越小。伴随人口增长和人口流动导致的农村人口变化,为维持土地的平均分配制度,会对农村土地进行周期性调整(将农户所有承包土地按合法人口重新分配)或小调整(将部分土地在部分农户间重新分配),导致人均占有的耕地面积越来越小,在调整过程中土地的细碎化程度日益加剧(陈海清,1992)。

相关研究表明,我国的土地继承制度虽然是推动耕地细碎化形成和变化的重要原因,但是人地比例始终是最重要、最根本的原因。在人少地多的情况下,无论土地继承制度如何变化,耕地细碎化现象出现的概率始终处于较低的水平;然而在人多地少的情况下,无论做出何种制度安排,耕地细碎化的情况始终普遍存在,并且会随着人口数量的增加而处于加剧的态势(王兴稳等,2008)。例如,我国长三角地区较之东北地区,前者的耕地更加细碎、分散。

2.2.2.3　经济水平

当社会经济水平、产业发展水平不高时,由于缺乏足够的就业岗位吸纳农村劳动人口,"人多地少"的局面阻碍了土地流转,造成了耕地的细碎化。经济发展水平不高,农业现代化水平不高,规模化利用的需求不足、条件不够,这在一定程度上造成了耕地细碎化现象的存在。此外,当经济水平发展到一定程度时,社会对农产品的需求日益丰富,在市场经济条件下,作为农产品供给方的农民可选择种植的农产品也增多,这种由市场需求引起的种植结构的复杂化,在一定程度上导致了耕地利用过程中的细碎化。

此外,我国的城市和乡村始终存在较大的发展差距,这种差距也体现为农业现代化始终处于一个较低的水平。因此,虽然现在的非农就业岗位吸纳了大量的农村劳动人口,但在各种因素的作用下,这些人口原先所耕作的土地并没有被集中起来加以利用,而是被撂荒、被低效利用或被改变用途,反而加剧了耕地的细碎化状况。

2.2.2.4　土地市场

当前,由于我国特殊的产权体制和社会经济制度,我国的土地市场是不完善、不成熟的。在这样的市场状态下,农民虽然有扩大土地经营规模的意愿,但在实际操作过程中,会被迫选择租赁或购买一些不相邻耕地地块的经营权,这反而加剧了区域原有耕地的细碎化状态。黄贤金(1998)的研究表明农户通常会耕作几片转租的土地,如在江苏省金坛区,一个种田大户在1997年通过土地流转的方式,从八九个村组获得了9.87 hm^2 的耕地用以耕作,但地块数量却有140~150块,且分散在各处;另一个种田大户则耕作5.45 hm^2,共100片的土地。因此,在人地比例高的地区,初级的土地市场对耕地细碎化的状况并没有明显的改善作用,反而在一定程度上加剧了耕地的细碎化。

2.2.3 制度因素

2.2.3.1 家庭联产承包责任制

从 20 世纪 70 年代末开始,家庭联产承包责任制在全国逐渐推广开来,通过分田到户,农户成为最基本的农业生产单位。这一制度有效解决了原有农业生产中缺乏监督和激励机制的问题,极大地提高了农民的生产积极性和农业生产效率,为 20 世纪 70 年代末到 80 年代中期中国农业生产的迅速发展和农民收入的快速提高做出了突出贡献。但是,这一制度是以实现耕地在农民之间公平分配为基础的,传统的农业生产方式并没有改变,农业现代化、规模化并没有得到发展。因此,许多学者认为这一制度是导致中国土地细碎化现象再次出现的直接原因。另外,许多地区为适应人口变动,对土地分配进行频繁调整(一般为 3~5 年调整一次,但有些地方甚至一年一调),这在某种程度上加剧了土地的细碎化程度。

2.2.3.2 产权制度

在中国现有的产权制度下,农村土地的所有权归国家或集体所有,承包权和经营权则归农民所有,且土地承包有期限限制。在这样的制度安排下,农用地的流转受到一定程度的限制,特别是在家庭联产承包责任制确立的初期,受承包期短的限制,土地的流转主要在同一村组的农户之间进行,这在一定程度上限制了土地的规模化利用,造成了耕地的细碎化。

2.2.3.3 土地继承制度

无论是传统农业,还是现代农业,对于农民而言,土地都是重要的财产,对于农民的生存和发展起着至关重要的作用。土地继承方式一般有两种:一种是长子继承制(如法国和日本);另一种是诸子均分制(如孟加拉国、印度、巴基斯坦和中国)。其中土地继承的诸子均分制被许多学者归为导致土地细碎化的主要原因(Niroula et al., 2005; Ram et al., 1999; Jabarin et al., 1994)。Thapa 和 Niroula(2008)的研究表明,父母财产在嗣子之间的不断细分以及嗣子在情感上依恋于父母财产的传统造成了户均耕地规模持续下降和户均耕地地块数随之持续增加的趋势。何柄棣(2000)认为,欧洲很多国家采用长子继承制,而中国家庭财产的继承主要采取诸子均分方式,土地作为主要遗产也在诸多男性继承人之间均分。Chao(1986)则认为土地"诸子均分"只会缩小农场的面积和规模,并不会增加住所与田块之间的距离。在实行家庭联产承包责任制的今天,土地继承制仍然存在,并使得土地变得更加细碎。

2.2.3.4 土地管理与土地政策

1998 年修订的《中华人民共和国土地管理法》第十四条第二款规定:"在土

地承包经营期限内,对个别承包经营者之间承包的土地进行适当调整的,必须经村民会议三分之二以上成员或者三分之二以上村民代表的同意,并报乡(镇)人民政府和县级人民政府农业行政主管部门批准。"第十五条第二款规定:"农民集体所有的土地由本集体经济组织以外的单位或者个人承包经营的,必须经村民会议三分之二以上成员或者三分之二以上村民代表的同意,并报乡(镇)人民政府批准。"该法禁止农地自由流通,这种出于安全需要的制度设计无法解决土地的规模经营与其日渐细化之间的矛盾。

我国耕地细碎化的状况,并不单纯源于家庭联产承包责任制的农地制度改革,土地资源的短缺与农业人口众多的人地矛盾也是造成耕地细碎化的重要原因。《中华人民共和国农村土地承包法》以法律形式规定家庭承包制度,是为了维护农民享有的基本财产权利。该法在追求公平和稳定的同时规定了流转制度,为扩大农地经营规模设置了出路,但其制度设计的目的并不在于补救农地经营的细碎化趋势。此外,不少地方在该法颁布后,违反法律规定,仍频繁调整农地,这在某种程度上加剧了土地的细碎化程度(陈海清,1992)。

2.2.3.5　种植制度

由于土地存在多宜性,因此同一块土地或同一地区的土地可以有多种不同的利用方式,农民可以在不同的地块间种植农作物(或种植不同的农作物),这样不仅可以避免由于干旱、洪涝以及病虫害的爆发所带来的风险,还可以避免由农产品价格波动所带来的市场风险。另外,农民还可以通过多样化的种植结构降低农忙时对劳动力的需求,使农村劳动力的利用在时间分配上更为合理,从而促进农村劳动力的充分利用。农民可以从多元化的种植结构、分散种植风险及充分利用季节性劳动力中获取更多的收益,因而也在一定程度上造成了耕地经营方式的细碎化。

3 耕地细碎化的尺度特征与综合评价

3.1 耕地细碎化的空间尺度特征

耕地细碎化一般被描述为"农户所经营的土地被分割为零碎的、分散的、地块大小不一的若干小块,并且每块的面积比较小"(封志明等,2000),该定义主要立足农户视角,侧重从土地产权角度对耕地细碎化概念进行概括,多用于微观尺度下的耕地细碎化研究(孙雁等,2010)。耕地资源作为农业生产活动的物质基础,因不同社会群体(政府、农户等)对耕地资源价值、功能认知导向差异,耕地资源兼具稳定粮食生产、维持社会稳定、保障粮食安全等宏观社会保障功能及以满足农户生存发展需求为主的微观农户生计维持功能。因此,耕地资源的宏观社会保障功能与微观农户生计维持功能决定了耕地细碎化的内涵特征在不同空间尺度上存在较大差异。关于耕地细碎化的内涵,研究者从多个角度进行了论述(陈培勇等,2011)。但目前针对耕地细碎化的研究主要立足农户视角,从土地产权角度对细碎化进行概念界定,而宏观尺度下耕地资源的自然属性、空间属性及利用属性等对细碎化的影响,以及耕地细碎化内涵的空间尺度特征研究仍需深入。同时,面对农用地整治兼具工程建设属性和社会治理属性的特点,有必要进一步明确耕地细碎化的空间尺度特征,拓展细碎化研究的尺度和维度,合理评价农用地整治对耕地细碎化的影响。

因此,针对目前耕地细碎化内涵解析单一以及耕地细碎治理过程中较少关注耕地资源特征、空间分布格局等区域差异问题,本书在明确耕地细碎化内涵空间尺度特征的基础上,在宏观尺度下,立足耕地资源的功能定位,从资源规模性、空间集聚性和生产便利性三方面,解析耕地细碎化内涵;在微观尺度下,立足耕地自然资源条件、土地产权制度、农村土地调整等方面,从田块细碎化、权属细碎化、利用(经营)细碎化等方面,进一步解析微观尺度下的耕地细碎化内涵。

3.1.1 宏观尺度特征——资源功能定位差异

耕地资源作为人类从事农业生产活动的物质基础,其宏观社会保障功能的发挥与区域耕地资源的自然属性(数量、规模等)、空间属性(空间格局、集聚程度等)及利用属性(生产便利程度、设施完备程度等)等特征密切相关。基于此,耕地资源功能定位的空间层次性与差异性一定程度上决定了耕地细碎化在内涵特征、表现形式等方面具有空间尺度差异,进而对指导区域土地整治实践产生差异影响(图3-1)。

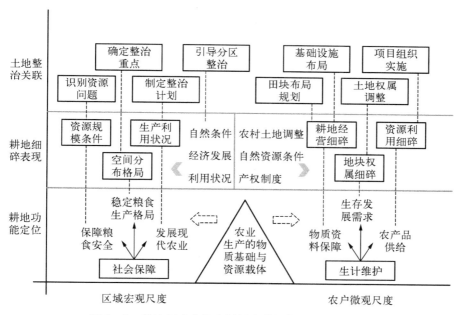

图 3-1 耕地细碎化的空间尺度特征与土地整治关联

区域尺度下,耕地资源作为农业生产发展的关键要素,在稳定粮食生产格局、发展现代农业、维持社会稳定、保障粮食安全等方面发挥重要作用,兼具自然、社会、人文等多重属性。但受自然条件、经济发展、社会分割等因素影响,不同区域耕地资源禀赋差异较大。基于此,区域尺度下的耕地细碎化主要体现为由自然或人为因素引起的耕地资源状况、空间分布格局以及社会经济发展产生的资源集聚水平、形状规整程度、设施完善状况等方面的细碎分异。区域尺度的耕地细碎状况可为因地制宜地识别区域耕地资源问题、引导区域土地整治分区、确定重点整治方向等发挥指导作用。

基于对耕地细碎化与土地整治关联机理的剖析,本书认为,区域尺度下,耕地细碎化的内涵应主要涵盖耕地的自然属性、空间属性和利用属性等特征。

1）自然属性特征。受地形、气候、水文、自然灾害等因素影响，不同区域的耕地在斑块数量、规模、邻域特征等方面存在较大差异，是耕地自然资源属性特征的体现，相关特征对区域土地整治布局选址、规模确定等发挥基础性作用。

2）空间属性特征。受线状地物阻隔、人为活动割裂等因素影响，不同区域的耕地在空间格局、集聚程度等方面存在较大差异，是耕地空间属性特征的体现，相关特征对优化耕地空间布局、明确土地整治重点等产生重要影响。

3）利用属性特征。受区域社会经济发展、土地利用方式等因素影响，不同区域的耕地在生产便利度、道路通达度、形状规整度、设施完备度等方面存在较大差异，是耕地利用属性特征的体现。相关特征对区域土地整治的主攻方向、差别化土地整治标准等具有重要作用。

3.1.2 微观尺度特征——权属特征差异

微观尺度下，农户通过对耕地资源进行劳作获取农产品，耕地是满足其生存发展需求的基础资料，农户更加关注耕地资源的经济产出功能与自身生计维持功能。而微观农户生计维持功能的发挥与耕地经营方式、地块权属状况等因素相关。基于农户的生产、生计需求导向，微观视角下的耕地细碎化主要表现为由自然资源条件、土地产权制度、农村土地调整等引起的地块权属细碎及在此基础上导致的耕地经营细碎等。基于微观（农户）视角的耕地细碎化分析可为土地整治项目的田块规划、设施布局、权属调整、组织实施等提供决策参考。

在中国农业生产中，土地投入利用的最基本特征是：农户经营土地规模小，农户拥有的地块数量多且每块土地的面积都很小；前者可称之为土地规模经营问题，后者则称之为土地细碎化问题。一般来讲，微观尺度下的农地细碎化，是指一个农户经营一块以上的农田，这些田块分布在居住地周围，相互不连接，农户不得不经营分布在家居周围的、相互不连接的，但在一定合理距离之内的一块以上的土地（许庆等，2008）。它的出现可能是由于传统的因素，可能是来自资源的稀缺性（即人地比例关系），也可能与农业生产的组织形式有关。此概念强调地块距离家庭的远近、地块之间互不相邻、农户经营土地的块数以及引起土地细碎化的原因（即传统因素、资源的稀缺性和农业生产组织形式）。

由此可见，微观尺度下，耕地细碎化的内涵可以概括为耕地细碎化的属性和土地细碎化成因两个部分。耕地细碎化的属性可以归纳为农户经营土地的块数相对较多、地块之间互不相邻、单个地块的面积较小且存在差异、肥沃程度不一致、居住地距离地块远近不同 5 个方面。

因此,为全面分析土地细碎化带来的影响以及微观尺度下耕地细碎化的总体特征,综合现有的耕地细碎化研究,从村级土地利用特点出发,着眼于土地所有权、承包权、经营权三权分立的权属特点,本书建立了基于地块—农户—村组的三级细碎化解析体系,提出了田块细碎化、权属细碎化、利用(经营)细碎化的概念。认为微观尺度下耕地细碎化是一个包含多尺度(地块、农户和村组)、多层次(耕作地块状况、土地权属构成、规模经营程度)的复合体系,其内涵联系与影响关系如图3-2所示。

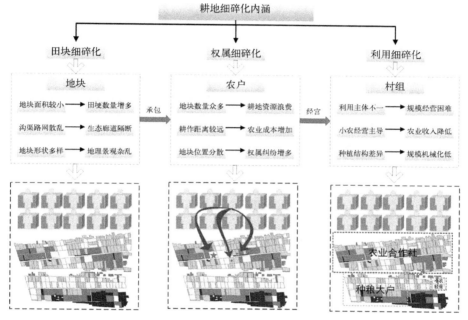

图3-2 耕地细碎化内涵体系

综上,本书将微观尺度下耕地细碎化定义为:在农地所有权、承包权、经营权分置的产权背景下,由于历史沿革影响、资源环境制约、人为利用不当等造成的田块面积狭小、分布零散、权属分散、基础设施滞后、土地流转不易,限制土地集约经营和现代农业发展的现象。其内涵可进一步从耕作地块状况(田块细碎化)、土地权属构成(权属细碎化)和规模经营程度(利用细碎化)三方面进行分析。

1) 田块细碎化是以农户拥有的每一个独立地块作为研究对象,表征各地块的空间格局,反映了土地利用过程中各地块大小不一、面积形状不同、质量参差有别的基本事实,造成了生产成本大、耕作效率低、生产方式不经济,导致有效耕地面积减少、田埂数量增多、生态走廊隔断、地理景观杂乱等问题。田块细碎化示意见图3-3。

图3-3 田块细碎化示意图

2) 权属细碎化是以各独立农户为研究对象,表征农户土地承包权,反映在"好丑均摊、远近搭配"的家庭联产承包责任制背景下,受耕地质量差异和土地承包经营的影响,农户所拥有多个独立地块,且各地块面积不等,地块之间间隔一定的距离,造成农户耕作距离较远,无法形成规模经营,加剧耕地资源浪费、导致农业成本增加、权属纠纷增多等问题。图3-4为权属细碎化示意图。

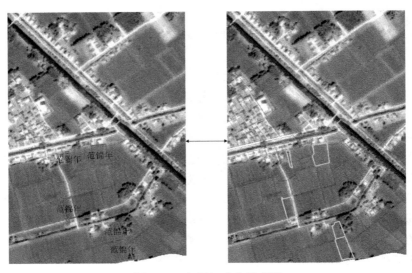

图3-4 权属细碎化示意图

3) 利用(经营)细碎化是以村组为研究对象,表征经过土地整治后的土地经营权的变化,反映了在小农种植占据主导地位的农业生产经营背景下,村组内不同土地利用主体、利用形式和种植结构的差异特征,造成了村组内规模经营受阻、村域农业生产主体分散、资源要素整合力度低、农业产业结构调整困难、剩余劳动力难以集中转移、农业增效缓慢、机械化推广困难等问题,不利于土地利用效益的充分发挥。利用(经营)细碎化示意见图 3-5。

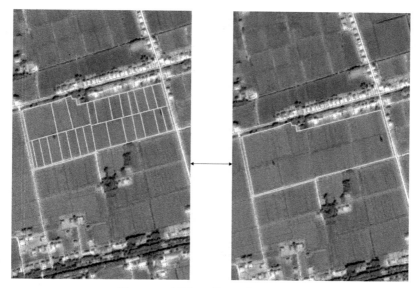

图 3-5　利用(经营)细碎化示意图

3.2　宏观尺度耕地细碎化评价

3.2.1　指标选取原则

为客观地反映耕地细碎化水平,需要建立一套完整的评价指标体系。耕地细碎化评价指标体系,是耕地细碎水平评价的主要依据。为此,需要选择一系列相互联系、相互补充、相互独立的定量化参数,并使其构成一个有机整体。耕地是一个较为复杂的系统,在建立耕地细碎化评价的指标过程中需要注意下列原则(周婷婷,2017;刘娜,2016;李香莲,2015;谢俊奇,1999)。

1) 科学性原则。耕地是一个开放动态的复杂系统,具有众多的承载要素与影响因素。在耕地细碎化指标体系的构建过程中,要遵从科学精神,力求揭示研究对象的内在规律,避免主观臆造,指标体系的构建需要遵从公认的科学方法,包括指标的选择、指标的合成与计算、指标值的标准化处理以及指标权重的计算等,都需要有明确的科学依据。

2)代表性原则。指标体系构建中应尽可能选择具有代表性的指标作为定量参数。耕地细碎化的相关参数众多,需要对各指标的代表性加以区分,以尽可能少的指标包含较完整的评价对象的信息。否则可能使指标体系过于臃肿,重复信息过多,影响评价结果的客观公正。

3)典型性原则。由于衡量耕地细碎化的指标颇多,将其全部指标纳入指标子系统会导致数据冗杂不切实际。因此典型性原则强调获取数据的公认性和较强的代表性,要求所选取的指标应是公众所熟悉、容易理解且常用的指标,避免生疏和复杂性指标。根据典型性原则,在选取耕地细碎化指标的同时要适度选取典型性指标,既能避免指标过多的冗余情况,又便于时间和空间尺度上的横纵对比分析。

4)可操作性原则。耕地细碎化评价必须依靠翔实的数据,具体指标的来源要讲究实用性和可操作性。一是数据收集的可行性,可以通过调研、查统计年鉴等方式收集整理或实际计算得到;二是数据必须是可以量化的,减少主观成分的干扰;三是数据的连贯性,仅适用于某一年的指标不具备可操作性,数据收集需连贯或有时间序列性,以满足不同评价区域的可比性。

综合查阅相关文献,目前耕地细碎化研究多为微观视角下的解析,耕地细碎化评价指标主要有景观生态和权属分配制下的一些指标,比如景观生态方面的指标有斑块密度、分离度、景观形状指数等,权属方面的指标有户均地块数、户均耕地面积等。这些指标都只适于微观尺度下的耕地细碎化评价分析,以农户调查作为数据获取的主要途径,而针对省域,集成多源数据开展区域耕地资源格局分析与细碎化评价的研究尚属空白。本书研究的对象是省域尺度下的耕地细碎化,在借鉴耕地细碎度评价方法的基础上,考虑到目前耕地细碎化研究的盲点,分别从宏观和微观层面上选取差异指标,构建适用于多空间尺度下的耕地细碎化测度体系。

3.2.2　指标体系构建

3.2.2.1　耕地细碎化测度

目前,学术界主要采用单一指标法或综合评价法对微观(农户)及中观(县域)尺度的耕地细碎化进行度量(姜广辉等,2011)。但受细碎化内涵多尺度特征及数据获取等因素的影响,现有研究指标多借助景观格局指数表征,一定程度上存在评价指标单一、内涵指示性不足等缺陷(吕振宇等,2014)。本书在明确耕地细碎化空间尺度特征的基础上,结合对耕地细碎化与土地整治机理的解析,从资源规模性、空间集聚性和利用便利性三方面构建宏观尺度下的耕地细碎化评价指标体系,见表3-1。

表3-1 耕地细碎化评价指标体系

目标层	准则层	指标层	量 化 方 法	指标含义及说明
耕地细碎化	资源规模性	斑块数量(NP)	由统计软件计算	表征一定区域范围内的耕地斑块数量
		耕地总面积(LA)	$LA = LA_1 + LA_2 + \cdots + LA_i$	表征一定区域范围内的耕地规模
		斑块密度(PD)	$PD = N/A$	表征单位面积的耕地斑块数量
	空间集聚性	聚集度(AI)	$AI = \left[1 + \sum_{i=1}^{N} \frac{P_i \ln(P_i)}{2\ln(N)}\right] \times 100$	表征一定区域范围内耕地斑块的空间集聚程度;P_i表示耕地斑块i的周长
		平均最近距离(MNN)	$MNN = \sum_{i=1}^{m} \frac{w_i}{m}$ $m = \frac{n(n-1)}{2}$	表征一定区域范围内耕地斑块的平均距离;w_i表示斑块间的距离,m为斑块的组合数,n表示斑块数量
		边界密度(ED)	$ED = P/A$	表征一定区域范围内耕地斑块的分隔程度;P表示耕地斑块总周长
	利用便利性	地块通达度(LC)	$LC = F_r/A$	表征一定区域范围内耕地的地块通达状况;F_r表示农村道路一定缓冲区范围内的耕地面积
		形状规整度(AW)	$AW = \sum_{i=1}^{n}\left[\left(\frac{0.25P_i}{\sqrt{A_i}}\right) \times \left(\frac{A_i}{A}\right)\right]$	反映一定区域范围内耕地斑块形状的规整程度
		设施完备度(FC)	$FC = H_p/A$	表征一定区域范围内单位耕地面积的农业基础设施配套状况;H_p表示基础设施用地面积

3.2.2.2 耕地细碎化指数

为在宏观尺度下全面反映不同属性特征下的耕地细碎化差异,在对耕地的资源规模属性、空间集聚属性及利用便利属性进行分维测度的基础上,进一步构造耕地细碎化指数,以分析区域耕地细碎化的地域分异特征。耕地细碎化指数的计算方法见式(3-1)。

$$CLFI = NSC \times W_{NSC} + SAC \times W_{SAC} + UCC \times W_{UCC} \quad (3-1)$$

式中,CLFI 为耕地细碎化指数;NSC、W_{NSC} 分别表示资源规模性指数及权重;SAC、W_{SAC} 分别表示空间集聚性指数及权重;UCC、W_{UCC} 分别表示利用便利性指数及权重。其中耕地资源规模性指数(NSC)、空间集聚性指数(SAC)、利用便利性指数(UCC)分析过程依据公式(3-2)~(3-4)。

$$NSC = \sum_{i=1}^{Z} (W_i \times S_{ij}) \qquad (3-2)$$

$$SAC = \sum_{i=1}^{P} (R_i \times T_{ij}) \qquad (3-3)$$

$$UCC = \sum_{i=1}^{M} (Q_i \times Y_{ij}) \qquad (3-4)$$

式中,$W_i (i=1, 2, 3, 4)$ 为资源规模属性下指标 i 权重;$S_{ij} (i=1, 2, 3, 4; j=1, 2, 3, \cdots, n)$ 为评价单元 j 第 i 个指标的计算值;$R_i (i=1, 2, 3)$ 为空间集聚属性下指标 i 权重;$T_{ij} (i=1, 2, 3; j=1, 2, 3, \cdots, n)$ 为评价单元 j 第 i 个指标的计算值;$Q_i (i=1, 2, 3, 4, 5)$ 为利用便利属性下指标 i 权重;$Y_{ij} (i=1, 2, 3, 4, 5; j=1, 2, 3, \cdots, n)$ 为评价单元 j 第 i 个指标的计算值。

3.3 微观尺度耕地细碎化测度

3.3.1 评价指标选取原则

由于耕地细碎化主要是在自然和人为因素的综合作用下形成的,相对来说,耕地细碎化主要表现为空间细碎和权属细碎。其中,耕地空间细碎度主要由斑块平均面积大小、斑块数量多少、斑块形状复杂情况以及聚集程度大小来体现,景观指数可以准确、定量地反映其空间细碎度;而权属不同引起的耕地细碎化是由于耕地的人为分割引起的,耕地分配到村、到户的行为大大加强了耕地的权属细碎化程度(李香莲,2015;张蚌蚌等,2013;石迪迪,2013;封志明等,2000;谢俊奇,1999)。

本书综合景观生态学的研究思路,分别从地块、农户和村组层面进行分析,从田块细碎化、权属细碎化、利用细碎化三方面,对微观尺度下的耕地细碎化进行综合评价。为增强指标体系的科学性、适用性、规范性,在构建指标体系的过程中,应遵循以下原则。

1)系统性原则。各指标之间要有一定的逻辑关系,每一个子系统由一组指标构成,各指标之间相互独立,又彼此联系,共同构成一个有机统一体。指标体系的构建具有层次性,自上而下,形成一个不可分割的评价体系。

2)典型性原则。务必确保评价指标具有一定的典型代表性,尽可能准确反映出特定区域综合特征,即使在减少指标数量的情况下,也要便于数据计算和提高结果的可靠性。另外,评价指标体系的设置、权重在各指标间的分配及评价标准的划分都应该与自然和社会经济条件相适应。

3)简明科学性原则。各指标体系的设计及评价指标的选择必须以科学性为原则,能客观真实地反映耕地细碎化的特点和状况,能客观全面反映出各指标之间的真实关系。各评价指标应该具有典型代表性,不能过多过细,使指标过于繁琐,相互重叠,指标又不能过少过简,避免指标信息遗漏,出现错误、不真实现象,并且数据易获取、计算方法简明易懂。

4)可比、可操作、可量化原则。指标选择上,特别注意在总体范围内的一致性,指标体系的构建是为区域政策制定和科学管理服务的,指标选取的计算量度和计算方法必须一致统一,各指标尽量简单明了、微观性强、便于收集,各指标应具有很强的现实可操作性和可比性。而且,选择指标时也要考虑能否进行定量处理,以便于进行数学计算和分析。

5)综合性原则。在相应的评价层次上,全面考虑影响经济、社会系统的诸多因素,并进行综合分析和评价。

3.3.2 评价指标体系构建

3.3.2.1 耕地细碎化测度

耕地细碎化具有地块狭小、地块分布无序(吕振宇等,2014)、农户拥有多个地块、农户耕地未达适度规模等特征。综合现有文献,一部分学者基于地块属性,从微观农户视角定义耕地细碎化内涵。King等(1982)认为耕地细碎化是指农户拥有的耕地面积不等且分散;王兴稳等(2008)认为耕地细碎化须具备多块土地互不相邻和面积较小两个条件;吕晓等(2011)认为耕地细碎化指农户经营一块以上,分布在居民点周围,相互不连接但在一定合理距离范围内的耕地;孙雁等(2010)认为耕地细碎化是受人为或自然条件影响,耕地难以成片、集中、规模经营,所呈现的插花、分散、无序状态。从上述观点看,若基于农户视角,从地块尺度定义耕地细碎化会忽略区域土地的系统特性;而若基于景观指数,从区域视角下定义,则会忽视农户这一关键的经营主体和基本决策单元。

为科学评价微观尺度下的耕地细碎化状态,有必要在农用地所有权、承包权、经营权分置的产权背景下,综合资源条件、权属状况和利用程度三方面要素,进一步厘清耕地细碎化的内涵与特征。因此,考虑到耕地细碎化内涵的多层次特性,本研究从农用地整治的特点出发,认为耕地细碎化是一个包含多尺度(地块、农户和村组)、多层次(耕作地块状况、土地权属构成、规模经营程度)的复合体系。评价体系的构建需有效反映各独立层面耕地细碎化的典型特征,以及不同层面之间的相互联系。在分别以地块、农户、村组为评价单元的基础上,选取层次清晰、含义明确、便于度量、利于综合的指标构建评价体系,见表3-2。

表3-2　耕地细碎化评价指标

准则层	指标层	评价单元	量化方法	指标内涵	指标性质
田块细碎化(A)	地块形状指数(A_1)	地块	$H = \dfrac{L}{\sqrt{2\pi S}}$	反映被评价地块形状的规则程度	负向指标
	地块面积(A_2)	地块	$M = S$	反映被评价地块的面积	正向指标
	距最近灌溉设施距离(A_3)	地块	$d_i = \min D_{ij}$	反映耕作的灌溉便利度,以地块距最近灌溉设施的距离表示	负向指标
	距离最近道路距离(A_4)	地块	$d_k = \min D_{mn}$	反映耕作的交通便利度,以地块距最近道路设施的距离表示	负向指标
权属细碎化(B)	斑块数量(B_1)	农户	直接统计	反映被评价农户所承包经营的地块数量	负向指标
	平均斑块面积(B_2)	农户	$M_j = \dfrac{\sum\limits_{i=1}^{n} a_{ij}}{n_j}$	反映被评价农户承包经营的所有田块的平均面积	正向指标
	面积变异系数(B_3)	农户	$C_j = \dfrac{\mid s_j - \bar{s}_j \mid}{\sqrt{\sum\limits_{j=1}^{n}(s_j - \bar{s}_j)^2}}$	反映农户承包经营土地的离散程度,以农户各地块之间的离散程度表示	负向指标
	最近耕作距离(B_4)	农户	$D_j = \min D_{ef}$	反映农户的耕作便利度,以农户家到最近地块的欧氏距离表示	负向指标
	累计耕作距离(B_5)	农户	$D_e = \sum\limits_{ef=1}^{m} D_{ef}$	反映农户家到自家地块的累计欧氏距离	负向指标
利用细碎化(C)	地块分散度(C_1)	村组	$A = \dfrac{1}{2}\sqrt{\dfrac{N}{S}}\sqrt{\dfrac{S}{E}}$	反映在利用层面上地块的分散程度	负向指标
	沟渠密度(C_2)	村组	$D_g = \dfrac{L_g}{S}$	反映耕地灌排条件,以各级沟渠总长度与村组面积之比表示	正向指标
	道路密度(C_3)	村组	$D_r = \dfrac{L_r}{S}$	反映耕作便利条件,以各级道路总长度与村组面积之比表示	正向指标

准则层	指标层	评价单元	量化方法	指 标 内 涵	指标性质
利用 细碎化 (C)	规模经营 比例(C_4)	村组	$P_g = \dfrac{S_g}{S}$	反映村组的经营集约度, 以达到规模经营标准的 地块面积与总地块面积 的比值表示	正向指标
	土地流转 比例(C_5)	村组	$P_l = \dfrac{S_l}{S}$	反映土地流转面积与土 地总面积的比值	正向指标
	斑块大小 变异系数(C_6)	村组	$C_j = \dfrac{\mid s_j - \bar{s}_j \mid}{\sqrt{\sum\limits_{j=1}^{n}(s_j - \bar{s}_j)^2}}$	反映在利用层面上地块 的变异程度	正向指标

3.3.2.2 耕地细碎化综合评价

通过对各类耕地细碎化程度进行定量描述,可为以降低细碎化程度为目标任务的土地整治规划设计提供参考。为了使计算结果与评价含义相一致,以"各指标加权线性和"的标准值作为耕地细碎化综合程度的度量。计算公式见式(3-5)。

$$D_i = 1 - \sum_{j=1}^{n} w_j x_j \qquad (3-5)$$

式中,$i = 1$、2、3,分别表示耕地田块细碎化、权属细碎化和利用细碎化的评价结果;$n = 4$、5、6,分别对应田块细碎化、权属细碎化和利用细碎化层面的指标个数;w_j 为各指标权重;x_j 为各指标的标准化取值。

4 耕地细碎化影响与整治协同

4.1 耕地细碎化的影响效应

4.1.1 积极效应

4.1.1.1 促进土地的多元化利用

农业的特点之一是其生产过程是间断的,不会像其他产业一样需要人力一直守在旁边进行实时关注。农业从业人员只需要注意在作物的生产周期内按照作物的生长需求采取相应的劳作就能保证农产品的收成。因此只要掌握了作物的生长习性、了解了作物的生长条件,进而有选择性地采取相应措施,多元化种植很容易就能够实现,而且因选择的多样性使种植方式也具有很强的弹性。

在耕地细碎化的情况下,每户农户通常都拥有一个以上的地块,这在一定程度上方便了农户开展多样化种植(孙雁等,2010)。实际上在农村,特别是以农业生产为主要劳动方式的地区,多元化种植往往比单一化种植能取得更好的效益,因而农户也倾向于选择多元化种植(吕晓等,2011)。多元化种植的情况下,农户拥有更多的选择空间,与单一化的种植结构相比,劳动力在一定程度上得到了更加充分合理的利用,农户的收入也因此有了大幅的增加(许庆等,2007)。

与此同时,农户采取多元化种植在无形中加强了自身抵抗生产风险的能力,包括自然风险以及市场风险,前者指的是农户在进行农业生产时容易受气候变化、病虫害等不利因素影响从而降低农业产出水平;而后者指的则是农产品市场存在变数,容易出现价格的高低起伏从而影响农户的最终收入。而在土地细碎化不可避免的情况下,农户选择多元化种植,除了可以丰富农产品种类、增加农民收入外,还有助于农户规避农业生产过程中面临的自然风险和市场风险。

4.1.1.2 促进土地资源的优化配置

我国改革开放后施行的土地承包责任制,遵循平均分配的原则对土地进行分配,其确实实现了平均分配的目标(李鑫等,2011)。这种分配方式使大部分农户都能公平地获取土地的使用权,从而在整体上构建了一个相对公平的资源使用平台。从农民的角度出发,土地资源的作用不仅仅是提供生存成本,更具有生活保障的功能。在现实生活中,无论农户选择兼业化经营土地抑或是完全放弃农业生产,农户均不会放弃自己所拥有的土地,因为不管从实际情况或是从心理上讲,再小的土地对农户来说也都起到了支持和支撑作用,这也在一定程度上增强了社会系统的稳定性。因此,从这方面来讲,在我国尚未建立起广泛而有效的农村社保体制来保障农民生活水平的情况下,耕地细碎化的现象有其存在的合理性(郭贯成等,2016)。

4.1.1.3 促进区域生态平衡

在农业生产过程中,农户主动播撒化肥、农药等行为对生物多样性产生了严重破坏。同时在较大地块上种植单一作物也在一定程度上降低了土地以及生态环境的质量。当在一整块土地上只种植一种作物时,生物种类减少,土地营养成分发生单调变化,其对生物的承载能力大大降低,降低了生物的多样性。不仅如此,农业生产过程当中滥用的化肥和农药大幅改变了土壤结构,使土地上原有物种的生存环境发生变化。土地的细碎化经营则不会对土壤结构和生态环境产生巨幅改变,从而对各种生物生存环境的破坏性较小,对于维护生态平衡具有重大意义,也有利于农业的可持续发展。

4.1.2 消极效应

4.1.2.1 增加农业生产成本

田块的细碎和规模面积的减小使得劳动力和农业机械等作业于不同地块间时,由于面积较小的地块不能使用大型农业机械进行作业,进而额外增加了劳动转移时间,增加了家庭劳动力的使用强度和其他的资金支出,从而提高了农户从事农业生产的成本(刘涛等,2008)。

以耕地细碎化为基础的农业生产,耕作效率低下。由于耕作地块细碎,机械在不同地块转移困难,抑制了农业生产对先进机械的采用。因此就出现了农业生产规模和机械化的现实矛盾。统计数据显示,由若干 $0.03\sim0.07$ hm^2 的小地块组成的总计面积为 1.80 hm^2 的耕地,根据联合收割机耕作效率与耕作地块面积的对应值,所需耕作时间为 14.31 h;若换为平均耕作地块面积为 0.1 hm^2 的等量耕地,所需耕作时间为 11.21 h,可节省耕作时间 3.1 h(杨敏等,2016)。

4.1.2.2 降低土地资源有效利用

耕地细碎化现象必然伴随着田埂、沟渠、田间水利设施等的增加,致使田坎的面积增多,由此导致部分耕地资源的浪费,很多耕地难以得到充分利用。相关研究表明,地块过小造成众多垄界、道路,造成我国至少 1% ~ 2% 的耕地资源浪费(白志远等,2014)。与此同时,由于不同农户的地块纷杂交错在一起,为了明晰各自所拥有的地块,必然要拿出部分土地用作边界的划分(事实上,这是农户之间土地产权界定和保护的一种常见形式),这就造成很多土地不能用于农业生产,从而降低了土地的有效使用,甚至还会增加邻居间的矛盾和摩擦,带来更多社会效率的损失(Wan et al.,2001)。

4.1.2.3 其他影响

耕地作为土地利用结构的重要组成部分,它的自然破碎化和权属破碎化将对农户的经营行为及农村土地利用优化布局产生重要影响。从规划角度上讲,随着城市化进程的推进,它的存在制约着居民点用地、建设用地、生态用地等功能的组合布局,进而影响村庄及城市整体面貌(万广华等,1996),更不利于土地利用规划长效性的实施。从生态系统格局上讲,基于自然景观角度认为,过高的景观破碎化造成生态系统的不稳定,影响局部水文循环、碳截留能力、营养循环等生态系统服务功能的整体性发挥,还可能产生土地退化等问题(Salvetore et al.,2010;Nguyen et al.,1996)。

4.2 耕地细碎化与土地整治关联机理

4.2.1 宏观尺度耕地细碎化与土地整治关联

规划是引导调控经济社会发展的"牛鼻子"。随着国家"一带一路"、新型城镇化等战略的深入实施和以城市群为主体形态经济圈的快速崛起,如何适应区域协同化、城乡一体化、资源集约化、建设精细化发展需要,按照中央"四个全面"的总体战略布局,以改革手段和法治方式加快规划领域的变革创新,引领经济社会更加科学有序发展,提升政府治理现代化水平,成为亟待解决的重大现实课题。其中,资源集约化作为空间规划的重要内容,面对宏观尺度上的耕地细碎化状况,急需通过协同村庄规划和土地利用规划,实现居民点和耕地的协同发展。同时,在对各地区耕地资源自然属性、空间属性及利用属性等方面进行统计与分析的基础上,明确不同区域在不同自然条件、社会与经济发展背景下所存在的耕地细碎化问题的数量特征、分布情况、原因机制以及对农业生产发展的影响等内容(陈红宇等,2012;赵凯,2011),也成为因地制宜地推进农业现代化、保障国家粮食安全、推动生态文明建设的必然趋势。

土地整治作为减轻耕地细碎化程度的有效方式,通过高标准农田建设,对改善农业生产条件、提升耕地质量、促进集中规模经营等发挥了积极作用。土地整治实践中,土地整治工程类型区作为实现土地开发整理活动空间合理安排及分区分类指导的基础内容,在项目安排、规划设计、工程实施等方面发挥重要作用。但相关类型区划分主要侧重地形地貌、气象水文、土壤条件、种植制度、灌排方式等自然资源条件和农业生产方式,较少关注耕地资源特征、空间分布格局、基础设施状况等细部特征。在通过高标准农田建设促进规模化、现代化农业发展的目标导向下,破解由于耕地细碎化造成的生产成本增加、技术效率受限、劳动力浪费、农业产出降低等问题,有必要以耕地细碎化的区域差异为基础,结合区域资源环境特点,完善土地整治工程类型分区体系,有效实现分类指导和差别整治。这就要求在整治规划顶层设计层面充分考虑耕地细碎化问题,依据宏观尺度的区域耕地资源状况及空间分布格局,确定差异化的耕地细碎治理措施与途径,促进资源集约利用。

4.2.2 微观尺度耕地细碎化与土地整治关联

综合而言,微观尺度的耕地细碎化问题应通过建设土地整治项目、改善耕作地块的调整方式(谭淑豪等,2003)。在当前农村土地承包关系长久不变和土地流转缓慢的大背景下,耕作地块调整必须保留原有分地人口不变、原有耕地面积不变(孙雁等,2010)。借鉴日本的产权调整经验,同时考虑中国农村土地经营现状,耕作地块调整的具体指导原则为:① 优先将耕作地块与自己的父母、兄弟等亲朋调整在一起,这将便于农民进行土地流转,从而进一步扩大耕作地块面积。② 将有意流转土地的农户,与有意承包土地的农户耕作地块相邻,从而方便流转以增加耕作地块面积。③ 农户所得到调整后的耕作地块应优先与其原有的土地位置相近;如果农户所有的土地调整前都邻近道路,其所得到调整后的土地也应优先邻近原道路;同时,土地整理前利用最充分的土地应优先分配给原经营者。④ 农户应尽量保留一个原来经营的耕作地块,以满足继承祖业的心理。⑤ 尽可能合并田块,调整耕作地块,从而减少田块和耕作地块的数量,以减少田间道路、田埂、沟渠等农业基础设施用地的占地面积。⑥ 在耕作地块调整协调人员的指导下,根据有利于耕地规模化的原则,调整后的耕作地块应尽量大。

在开展耕作地块调整前应提前做好具体整理方案和耕作地块调整方案,与农民协商并征得农民同意后开始实施(吕振宇等,2014)。通过平整土地、修路、打井、修渠、挖沟等工程措施,使得田间基础设施尽量均一化。在参考农用地分等定级成果的基础上,让农民参与评价耕地等级,得出对于所有耕作地块的质量等级,以用于耕作地块调整过程中面积折算或者补偿(王兴稳等,2008)。"耕作地块调整"的程序具体如下：① 预先做好耕作地块调整规划设计方案；② 召开会议听取群众意见，修改并完善方案；③ 评定耕地等级，核实耕作地块面积；④ 公示等级折算方案，抓阄分配，农户签字确认；⑤ 土地权属登记；⑥ 上报土地流转服务中心备案。程序进行中应确保村民自愿、自主，操作过程公开、公正。

耕作地块调整应和土地流转同步推进，不仅解决耕地权属细碎化问题、扩大农户经营规模，而且可以形成更大的耕作地块面积，以便应用大型机械，助推农业现代化道路。同时土地证券化是破解耕地细碎化、促进耕地集中连片的重要途径，在不丧失土地产权前提下，利用证券市场将不可移动、难以分割、不适合小规模投资的土地转化成可以流动的金融资产，实现集中连片和规模效应。

5 江苏省资源环境特征与利用状况

5.1 区位条件与发展定位

5.1.1 区位条件

江苏省简称"苏",位于我国大陆东部沿海中心、长江下游,东濒黄海、西邻安徽,南与浙江、上海毗邻,北接山东,地跨长江、淮河南北,介于东经116°18′~121°57′、北纬30°45′~35°20′之间。全省土地面积10.72万km²,占全国土地总面积的1.12%;全省辖13个地级市,总人口7960.06万(2014年),其中农业人口2769.3万(占比34.79%)。江苏跨江滨海,平原辽阔,水网密布,湖泊众多,境内地貌以平原为主,平原、水域面积分别占68.8%和16.9%,比例居全国之首;地处东亚季风气候区,四季分明、光照充足、雨量充沛,自然资源条件优越,农业生产优势明显。2014年,江苏省地区生产总值6.51万亿元,城镇居民人均可支配收入3.43万元/年,农村人均纯收入1.50万元/年。随着经济社会发展及建设用地规模进一步扩张,江苏省耕地保护及粮食安全面临严峻考验。如何通过土地整治优化土地利用结构、提高耕地质量、保障粮食安全成为新时期江苏省实现社会经济可持续发展的必由之路。

5.1.2 社会经济发展战略

截至2017年,江苏省实现地区生产总值85900.9亿元,人均生产总值107189元。江苏人均GDP、综合竞争力、地区发展与民生指数(DLI)均居中国各省第一,成为中国综合发展水平最高的省份。因此江苏省社会经济发展在全国发展战略中具有举足轻重的地位,从国家、区域到省级层面制定了一系列社会经济发展战略,这些重要战略对江苏省经济发展、资源利用、生态建设等都将产生重要影响。

国家"十三五"规划提出,要推进长江经济带发展、拓展蓝色海洋空间、加快建设主体功能区、推进"一带一路"建设,这一系列国家战略中,江苏省均扮演着重要角色。

5.1.2.1 在国家级战略中的定位

《长江经济带发展规划纲要》确立了长江经济带"一轴、两翼、三极、多点"的发展新格局。其中"三极"指的是长江三角洲、长江中游和成渝三个城市群,江苏省作为长江三角洲的重要省份,在长江经济带发展建设中承担着重要责任。为响应《长江经济带发展规划纲要》,江苏省出台了《江苏省长江经济带发展实施规划》,提出:推动长江经济带发展,共抓大保护、不搞大开发,以长江黄金水道为依托,以创新驱动、转型发展为导向,以深化改革、扩大开放为动力,通过江海联动、跨江融合、东中西协同,着力推进生态文明示范区建设,着力构建综合立体交通走廊,着力推动产业转型升级,着力加快新型城镇化和城乡发展一体化进程,着力形成对内对外开放新格局,努力在推动生态更优美、交通更顺畅、经济更协调、市场更统一、机制更科学的黄金经济带建设中发挥重要作用。

《全国主体功能区规划》确定长江三角洲地区为国家层面的优化开发区域,该区域位于全国"两横三纵"城市化战略格局中沿海通道纵轴和沿长江通道横轴的交汇处,包括上海市和江苏省、浙江省的部分地区。该区域的定位为:长江流域对外开放的门户,我国参与经济全球化的主体区域,有全球影响力的先进制造业基地和现代服务业基地,世界级大城市群,全国科技创新与技术研发基地,全国经济发展的重要引擎,辐射带动长江流域发展的龙头,我国人口集聚最多、创新能力最强、综合实力最强的三大区域之一。

《推动共建丝绸之路经济带和 21 世纪海上丝绸之路的愿景与行动》对中国丝绸之路沿线各地做出定位。而江苏省地处丝绸之路经济带和 21 世纪海上丝绸之路的交汇处,作为新亚欧大陆桥经济走廊的东方起点,拥有优越的区位优势以及明显的交通优势、产业优势、开放优势、创新优势。

5.1.2.2 省级发展战略

江苏省在省级层面也制定了一系列社会经济发展战略。江苏省"十三五"规划提出要率先全面建成小康社会,着力建设经济强、百姓富、环境美、社会文明程度高的新江苏。《江苏省土地利用总体规划(2006—2020)》在江苏省社会经济较快平稳发展、增长方式进入转型期、城市化进入加速期、国际化进入提升期、生态省快速推进的背景下,针对江苏省建设用地供需矛盾突出、农用地保护形势严峻、土地利用空间布局亟须调整、土地开发难度大、统筹区域土地利用难度大的特征,提出了优化土地利用结构、科学规划用地布局、提高土地节约集约利用水平、加强土地生态建设、适度开发土地后备资源的战略目标,从而实现江苏省土地利用格局优化升级,为江苏省经济发展、人民安居乐业、生态文明建设奠定坚实的资源基础。

在区域层面也制定了一系列社会经济发展战略。《苏南现代化建设示范区规划》提出要立足为全国现代化建设提供示范,推动苏南积极探索经济现代化、城乡现代化、社会现代化和生态文明、政治文明建设的模式,到 2020 年,在全面建成小康社会的基础上,基本实现区域现代化,成为全国现代化建设示范区。此外,江苏省各市县均制定了各类社会经济发展战略、土地利用规划等,为江苏省经济发展绘制蓝图。

5.2 资源环境承载状况

5.2.1 人口发展

根据历年江苏省统计年鉴,自"十二五"以来,江苏省常住人口总体呈现低速增长的态势。2011 年,江苏常住人口增长率为 0.37%,2012 年、2013 年及 2014 年人口增长率分别为 0.27%、0.25% 和 0.26%。

2014 年,江苏省总人口达到 7 960.06 万人,城镇化率为 64.1%,按照城镇化进程的三阶段理论,超过 60% 的城镇化率意味着江苏整体步入成熟的城镇化社会(王书明等,2018)。但与经济发展水平存在的地区差异一样,江苏各地城镇化发展仍不平衡,全省三大区域的城镇化率呈南北梯度排列。2014 年,苏南城镇化率超过 70%,苏中接近 60%,苏北则在 55% 左右。

在 2014 年末江苏省常住人口中,15~64 岁人口为 5 942.44 万人,较 2013 年末的 5 967.50 万人减少 25.06 万人。2014 年末,全省 65 岁以上老年人口为 965.53 万人,较 2013 年新增 30.34 万人,新增的老年人口数量超过常住人口年增量。65 岁以上的人口占总人口比例达到 12.13%,已远远高于老龄化社会 7% 的标准,江苏省的人口老龄化现象比较严重。

江苏省人口分布的区域差异显著。从区域人口比例来看(表 5-1),省内人口总量南北高、中间低。2014 年,苏南、苏中和苏北的人口数量分别为 3 318.80 万、1 641.45 万和 2 999.81 万,占比分别为 41.69%、20.62% 和 37.69%。其中苏州市(1 060.4 万人,占全省总人口的 13.32%)和徐州市(862.83 万人,占比 10.84%)位居全省前两位。从人口密度看,全省人口的平均密度为 783 人/km²(2014 年),其中苏南地区的密度较高,苏州、无锡、常州、南京的人口密度均超过在 1 000 人/km²;苏北和苏中的人口密度较低,淮安和盐城均低于 500 人/km²。

表 5-1 江苏省人口数量统计表

区 域	常住人口/万人	占全省比例	人口密度/(人/km²)
苏州市	1 060.4	13.32%	1 198
无锡市	650.01	8.17%	1 394
常州市	469.64	5.90%	1 073
南京市	821.61	10.32%	1 245
镇江市	317.14	3.98%	825
南通市	729.8	9.17%	912
扬州市	447.79	5.63%	675
泰州市	463.86	5.83%	769
徐州市	862.83	10.84%	746
淮安市	485.21	6.10%	484
盐城市	722.28	9.07%	482
连云港市	445.17	5.59%	598
宿迁市	484.32	6.08%	559
全 省	7 960.06	100.00%	783

5.2.2 社会经济

2016 年全省实现地区生产总值 76 086.2 亿元,比 2015 年增长 7.8%。其中,第一产业增加值 4 078.5 亿元,增长 0.7%;第二产业增加值 33 855.7 亿元,增长 7.1%;第三产业增加值 38 152.0 亿元,增长 9.2%。全省人均生产总值 95 259 元,比 2015 年增长 7.5%。全年规模以上工业增加值比上年增长 7.7%,其中轻工业增长 7.6%,重工业增长 7.7%;国有工业增长 4.2%,集体工业增长 5.5%,股份制工业增长 9.3%,外商港澳台投资工业增长 5.3%。在规模以上工业中,国有控股工业增长 4.0%,私营工业增长 10.6%。全年完成固定资产投资 49 370.9 亿元,比 2015 年增长 7.5%。其中,国有及国有经济控股投资 10 444.3 亿元,增长 5.1%;港澳台地区企业与外商投资 4 692.8 亿元,增长 20.3%;民间投资 34 233.7 亿元,增长 6.8%,占固定资产投资比例达 69.3%。

根据城乡一体化住户抽样调查,全省居民人均可支配收入 32 070 元,比 2015 年增长 8.6%。其中,城镇居民人均可支配收入 40 152 元,增长 8.0%;农村居民人均可支配收入 17 606 元,增长 8.3%。全省居民人均可支配收入中位数 27 436 元,增长 9.3%。

5.2.3 水资源

江苏省分属长江、淮河两大流域,共有长江、太湖、淮河、沂沭泗四大水系。通扬运河及仪(征)六(合)丘陵山区以南属长江水系,总面积 3.73 万 km²,其中长江南岸沿江高地以南、茅山山脉以东、宜溧山地以北为太湖水系,面积 1.92 万 km²。通扬运河及仪六丘陵山区以北,属淮河下游水系,面积 6.53 万 km²,其中废黄河以北属于沂沭泗水系,面积 2.56 万 km²。

5.2.3.1 水资源量

根据《2014 年江苏省水资源公报》,全省水资源总量 399.30 亿 m³,其中地表水资源量 296.40 亿 m³,地下水资源量 118.90 亿 m³,各地级市的水资源量统计见表 5-2。

表 5-2 江苏省水资源量统计表　　　　　　　　　　(单位:亿 m³)

区　　域	年降水量	地表水资源量	地下水资源量	水资源总量
南京市	77.9	25.0	6.6	30.7
无锡市	57.1	25.7	4.5	29.2
徐州市	85.1	9.8	22.6	31.7
常州市	59.4	26.4	3.0	29.1
苏州市	107.1	39.5	7.7	45.5
南通市	111.8	32.5	10.6	41.4
连云港	60.0	11.4	8.1	18.8
淮安市	106.4	31.4	14.3	43.0
盐城市	142.8	30.7	16.1	44.5
扬州市	70.0	15.6	3.6	19.1
镇江市	42.8	13.0	4.0	15.2
泰州市	63.0	15.8	5.4	20.9
宿迁市	81.5	19.6	12.4	30.2
全省	1 064.9	296.4	118.9	399.3
淮河流域	596.8	134.1	80.1	204.2
长江流域	226.4	65.7	20.8	84.6
太湖流域	241.5	96.6	18.0	110.5

从降水量来看,江苏省 2014 年全年降水量为 1 044.50 mm,折合降水量 1 064.70 亿 m³,其中淮河流域年均降水量 940.40 mm,长江流域年均降水量 1 186.50 mm,太湖流域年均降水量 1 245.00 mm,苏南地区降水量总体高于苏中和苏北地区,呈现出从南向北递减的趋势。

从分流域看,淮河流域、长江流域、太湖流域水资源总量分别为 204.20 亿 m³、84.60 亿 m³ 和 10.50 亿 m³。各地级市中,徐州、连云港、盐城和扬州地表水资源量较多年平均减少,其他均较多年平均增加,无锡、常州、苏州、南通增幅超过 40%。

5.2.3.2 水资源利用

在水资源利用方面,2014年江苏省总供水量480.70亿 m³。其中,地表水资源供水量为471.00亿 m³,占总供水量的97.98%;地下水源供水量为9.70亿 m³,占总供水量的2.02%。全省总用水量为480.70亿 m³,其中,生产用水442.20亿 m³,居民生活用水35.80亿 m³,城镇环境用水2.70亿 m³,分别占用水总量的91.99%、7.45%和0.56%。从三大区域来看,苏南、苏中和苏北地区用水量分别为182.80亿 m³、107.00亿 m³ 和190.90亿 m³,分别占全省用水总量的38.03%、22.26%和39.71%。生产用水按产业结构划分,第一产业

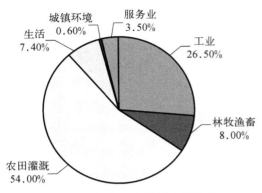

图5-1 江苏省各类用水量组成

用水297.80亿 m³,其中农田灌溉用水259.50亿 m³,占第一产业用水的87.14%;第二产业用水129.50亿 m³;第三产业用水14.90亿 m³。三次产业用水占生产用水的比例分别为67.35%、29.29%和3.37%。江苏省各类用水结构、城市水资源使用状况见图5-1、5-2。

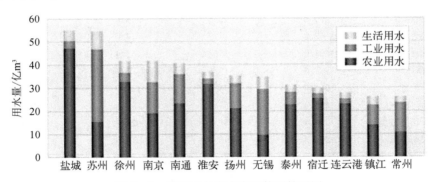

图5-2 江苏省各市水资源使用情况图

资料来源:《2014年江苏省水资源公报》

5.2.3.3 水资源质量

根据《江苏省水资源公报(2014)》数据,江苏省内河流水资源质量一般(图5-3),其中优于Ⅲ类水的断面占36.90%,主要超标项目为氨氮、化学需氧量和高锰酸盐指数。水库和湖泊水质相对较好,优于Ⅲ类水的站点占比为81.3%,主要超标项目为五日生化需氧量和化学需氧量,轻度富营养占64.7%,中度富营养

占 21.9%。省内地下水污染较为
严重,除深层次地下水还可作为生
活饮用水源以外,地表 60 m 以内
的浅层地下水污染较为严重,地下
水污染在产业转移的影响下正逐
渐从苏南转移至苏北地区。

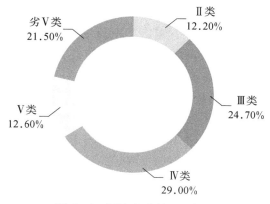

图 5-3 河流水质断面比例图

在重点水功能区水质类别空
间分布方面,全省 561 个重点水
功能区中 317 个达标,达标率为
56.5%。淮河流域的达标率为
53.4%,略低于长江流域的达标
率(59.4%);太湖流域的达标率为 58.2%。长江、苏北大运河等主要河流水
质较好,但新通扬运河、通榆河、苏南运河等水质较差,未达到Ⅲ类水基本
要求。

在水污染方面,苏南地区工业废水、生活废水等排放量较大,水体质量严重
恶化,水污染尤为严重。以工业废水排放量为例,2014 年苏南地区全年共排放
废水 12.554×10^8 t,占全省工业废水排放量的比例高达 61.27%,分别是苏中和
苏北废水排放量的 3.93 倍和 2.65 倍。苏中、无锡、常州等环太湖地区和南京、
镇江、南通等沿江地区地均工业废水排放量在全省中处于较高水平,沿江和环湖
地区水污染严重,苏南地区和沿江地区虽然水资源数量较丰富,但受水污染影
响,水质性缺水较为严重。

5.2.3.4 水资源承载状况

人均水资源使用量和人均水资源占有量可以表示水资源人口承载状况。人
均水资源使用量越大,人均水资源占有量越小,表明水资源人口承载压力越大。
根据《江苏统计年鉴—2015》及《2014 年江苏省水资源公报》,2014 年江苏省水
资源总量为 399.3 亿 m^3,人均水资源占有量为 501.63 m^3/人,水资源使用量为
485.32 亿 m^3,人均水资源使用量为 609.69 m^3/(人·年),使用强度高于全国平
均水平[445.60 m^3/(人·年)]。

省内各市水资源人口承载状况差异较大,镇江、扬州等市水资源人口承载压
力较大,而淮安、宿迁等地相对较小。从空间分布来看,淮安、盐城、宿迁、常州的
人均水资源占有量均超过 600 m^3/人,其中淮安最高,达 886.21 m^3/人,其次为宿
迁和常州,分别为 623.55 m^3/人和 619.62 m^3/人;人均水资源占有量最少的城市
为徐州(367.40 m^3/人),其次是南京(373.66 m^3/人)。从水资源使用量来看,镇
江人均水资源使用量最高[811.38 m^3/(人·年)],但人均水资源占有量仅为

479.28 m³/人。扬州和淮安的人均水资源使用量分别为 787.37 m³/(人·年)和
777.64 m³/(人·年),其中扬州人均水资源占有量为 426.54 m³/人,位列全省第
10。各市中人均水资源使用量最小的是南京,为 504.42 m³/(人·年);其次是苏
州,为 513.33 m³/(人·年)。

单位 GDP 用水量可以表征水资源经济承载力状况,其值越高,表示水资源
经济承载压力越大。根据《江苏统计年鉴—2015》,2014 年江苏省单位 GDP 用
水量为 72.64 万 m³/亿元,低于全国平均水平(95.81 万 m³/亿元)。从空间分布
来看,苏北地区的平均单位 GDP 用水量较高,为 129.58 m³/亿元,苏中和苏南分
别为 84.12 m³/亿元和 46.73 m³/亿元。市级尺度下,单位 GDP 用水量最高的是
宿迁,为 153.78 m³/亿元;其次是淮安,为 153.67 m³/亿元。单位 GDP 用水量最
低的是苏州,为 39.56 m³/亿元;其次为无锡和南京,分别为 42.22 m³/亿元和
46.98 m³/亿元。

5.2.4 土地资源

5.2.4.1 土地资源现状

根据 2014 年土地利用变更调查数据,江苏省土地总面积为 1.072×10^7 hm²,其
中农用地 6.526×10^6 hm²,建设用地 2.251×10^6 hm²,未利用地 1.944×10^6 hm²,分别
占全省土地面积的 60.88%、21.00% 和 18.12%。在农用地中,耕地 4.583×10^6 hm²,
园地 3.035×10^5 hm²,林地 2.582×10^5 hm²,其他农用地 1.872×10^6 hm²,分别占农
用地面积的 70.23%、4.65%、3.96% 和 21.16%,草地面积仅为 0.01×10^4 hm²,占
土地面积比例极小。建设用地中城镇村及工矿用地和交通运输用地面积较大,
其面积分别为 1.872×10^6 hm² 和 4.490×10^5 hm²,分别占建设用地面积的
83.10% 和 9.50%(表 5-3)。

表 5-3 江苏省 2014 年土地利用现状表

一级地类	面积/ 万 hm²	占全省面积 比例/%	二级地类	面积/ 万 hm²	占全省面 积比例/%	占一级地类面 积比例/%
农用地	652.64	60.88	耕地	458.33	42.75	70.23
			园地	30.35	2.83	4.65
			林地	25.82	2.41	3.96
			草地	0.01	0.00	0.00
			其他农用地	138.13	12.88	21.16
建设用地	225.13	21.00	居民点及独立工矿用地	187.15	17.46	83.13
			交通运输用地	21.38	1.99	9.50
			水利设施用地	16.60	1.55	7.37

续　表

一级地类	面积/万 hm²	占全省面积比例/%	二级地类	面积/万 hm²	占全省面积比例/%	占一级地类面积比例/%
未利用地	194.40	18.10	未利用土地	11.25	1.05	5.79
			其他土地	183.15	17.08	94.21
合计	1 072.17	100	合计	1 072.17	100	100

5.2.4.2　土地资源承载状况

江苏省内土地人口承载状况差异显著,苏南地区的土地人口承载压力较大。地(耕地)均人口可以反映土地资源的人口承载状况。地均人口越高,表明依靠本区域耕地供养一定数量人口的压力越大,耕地保护需求越迫切。根据《江苏统计年鉴—2015》及土地利用现状数据(2015),2014 年底江苏省内人口总量为 7 960.06 万,耕地总面积为 6.40×10⁶ hm²,地均人口数为 12.44 人/hm²。从空间分布看,苏南、苏中和苏北的地均人口数分别为 23.82 人/hm²、10.62 人/hm² 和 8.67 人/hm²。在各市级行政单位中,无锡的土地人口承载压力最大,地均人口数为 34.54 人/hm²,其次为苏州和南京,分别为 27.19 人/hm² 和 24.03 人/hm²。地均人口数最低的是盐城,为 6.12 人/hm²,地均人口低于 10 人/hm² 的城市还包括淮南、连云港和宿迁,分别为 8.58 人/hm²、9.54 人/hm² 和 9.71 人/hm²。

单位 GDP 消耗建设用地面积可以反映土地资源的经济承载力。该值越高表明土地资源经济承载压力越大。根据《江苏统计年鉴—2015》数据,2014 年底江苏省 GDP 总量为 66 814.24 亿元,建设用地总面积为 210.28 万 hm²,单位 GDP 消耗建设用地面积为 31.47 hm²/亿元。根据国土资源部发布的《关于落实单位国内生产总值建设用地下降目标的指导意见》(国土资发〔2012〕24 号),江苏省至"十二五"期末(2015 年)亿元地区生产总值消耗的建设用地规模不得超过 640 亩(42.67 hm²)。由此可以看出,江苏省土地平均经济承载状况较为良好。

从空间分布来看,苏北地区土地资源经济承载压力较大,平均单位 GDP 消耗建设用地面积为 69.95 hm²/亿元,其中宿迁市土地资源经济承载压力最大,单位 GDP 消耗建设用地面积为 107.35 hm²/亿元,其次是连云港、淮安,分别为 95.35 hm²/亿元、81.76 hm²/亿元;苏中和苏南地区的平均单位 GDP 消耗建设用地面积分别为 26.24 hm²/亿元和 18.21 hm²/亿元。无锡的单位 GDP 消耗建设用地面积为 15.66 hm²/亿元,为全省最低;其次为苏州和南京,分别为 17.02 hm²/亿元和 18.76 hm²/亿元。由此可见,省内土地经济承载压力空间差异显著,苏北地区的经济发展方式相对粗放,经济发展对自然资源(建设用地)的消耗较高,对耕地、林地等农业生产和生态空间造成挤压,土地利用效率相对较低;苏中和苏南地区的产业空间分布相对集聚,但因经济发展势头稳健,耕地保护压力依旧巨大,对建设用地增长管制依然不能放松。

5.2.4.3 土地资源特征

1) 土地资源禀赋优越,耕地面积比例高。江苏省山地面积小,地形以平原为主,水资源条件较好,水网较密集。全省在地形地貌上呈现"一山两水七分田"的特征,低山丘陵、水域、平原面积占比分别为 14.3%、16.8% 和 68.9%。农业发展条件优越,土地开发利用历史悠久。农用地占全省土地面积的 60.7%,其中耕地占农用地的比例为 70.4%,主要分布在苏北、苏中平原和滨海地区。

2) 土地开发强度高,土地利用效益的区域差异明显。江苏省经济发达,人口众多,已进入城市化发展的中期阶段(城市化率为 66.5%),土地开发强度超过 21.0%,位居全国之首。苏南、苏中和苏北的土地开发强度分别为 28.6%、20.0% 和 18.4%,其中无锡最高,达到 32.3%。建设用地效益相对较高,省级平均水平为 3.01 亿元/km²,三大区域的单位建设用地产出分别为 5.05 亿元/km²、2.85 亿元/km² 和 1.46 亿元/km²(车冰清等,2017)。

3) 农村居民点分散,土地利用效率低。江苏省农村居民点用地规模较大。2015 年,农村居民点总面积为 105.21 万 hm²,占全省土地面积的 9.8%,在城乡用地中的占比达 56.8%。由于平原水网地区的地形地貌特点和传统的居住习惯,江苏农村的居住村落相对分散,村落主要表现为沿河沿路的条带状,北部区域与丘陵山区的小聚落及零星散布等形态(刘晶等,2018)。全省人均农村居民点用地达 394 m²/人,具有较大的整治潜力和布局优化空间。

4) 耕地后备资源数量少,土地开发难度大。随着江苏省城镇化的持续推进,社会发展依然需要占用耕地,特别是城市周边的优质耕地。经过近 20 年的各类土地整治(开发、复垦、整理等)项目的实施,省域内可供开发利用的耕地后备资源逐年减少。据江苏省耕地后备资源调查结果分析,2016~2020 年全省耕地后备资源总量为 12.17 万 hm²,且主要集中在沿海滩涂区域,开发难度大、成本高、形成高产稳产耕地周期长。

5.3 土地利用变化过程

5.3.1 土地利用结构及变化

2000 年以来,随着工业化、城市化进程不断推进,在经济发展的推动作用和各类政策影响下,江苏省土地利用结构发生了较大变化(表 5-4)。对江苏省土地利用数据(2000 年、2005 年、2010 年、2015 年)进行分析,结果表明:① 2000~2005 年,草地面积有较大下降,水面与建设用地面积有较大增加,其他地类有小幅变化;② 2005～2010 年,耕地、林地、草地下降比例为各阶段最大,而建设用地与未利用地增长比例最大,经济增长和过度开发对耕地、林地、草地等的空间侵占作用明显;③ 2010～2015 年,由于退耕还林还草等政策原因,草地面积有较大上升,受占补平衡等政策的影响,通过土地整治、滩涂造田等导致滩涂滩地面积有所下降,未利用地面积不断减少,林地面积也出现小幅下降;④ 2000～2015 年,省内耕地、草地、林地、滩涂滩地面积均呈现下降趋势,其中草地面积下降最多,建设用地、水面和未利用地面积有所增加。

表5-4　江苏省土地利用面积统计表

地类	2000 年面积/hm²	2005 年面积/hm²	变化率	2010 年面积/hm²	变化率	2015 年面积/hm²	变化率	总变化率
耕地	6 982 315.91	6 832 002.47	−2.15%	6 401 249.81	−6.30%	6 322 374.64	−1.23%	−9.45%
林地	339 964.68	346 749.52	2.00%	316 137.95	−8.83%	311 701.12	−1.40%	−8.31%
草地	148 125.27	129 234.39	−12.75%	98 196.15	−24.02%	109 556.56	11.57%	−26.04%
水面	1 107 936.65	1 183 564.58	6.83%	1 254 512.01	5.99%	1 264 329.04	0.78%	14.12%
滩涂滩地	480 141.02	467 318.27	−2.67%	448 613.65	−4.00%	397 283.31	−11.44%	−17.26%
建设用地	1 466 225.37	1 565 840.31	6.79%	2 005 552.69	28.08%	2 119 235.98	5.67%	44.54%
未利用地	1 637.78	1 637.15	−0.04%	2 084.32	27.31%	1 865.94	−10.48%	13.93%

注:变化率指该时间节点的地类面积与上一时间节点相比的变化率。

从土地利用总体格局来看,2000～2015 年江苏省土地利用总体格局基本稳定,耕地面积比例始终保持在 60% 以上;其次是建设用地,建设用地面积比例在 2015 年已突破 20%;水域面积占比始终保持在 10% 之上;而林地、草地、未利用地面积占比未发生显著变化。各年份土地利用结构见图 5-4～图 5-7。

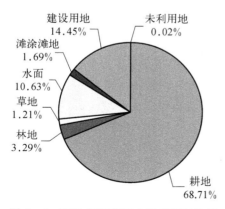
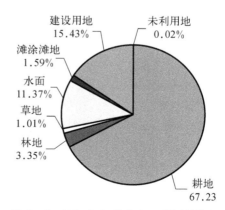

图5-4　2000 年江苏省土地利用结构图　　图5-5　2005 年江苏省土地利用结构图

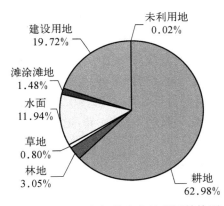

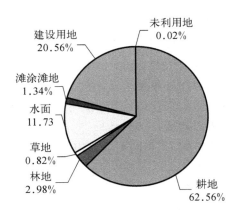

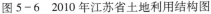

图 5-6　2010 年江苏省土地利用结构图　　　图 5-7　2015 年江苏省土地利用结构图

5.3.2　土地利用布局及变化

根据典型年份(2000 年、2005 年、2010 年、2015 年)土地利用数据,在市级尺度下对各土地利用类型进行汇总统计(图 5-8),结果显示:① 2015 年,耕地资源在盐城、徐州和南通分布较多,分别为 118.06 万 hm²、75.00 万 hm² 和 72.14 万 hm²;在无锡、镇江和常州分布较少,分别为 18.82 万 hm²、22.97 万 hm² 和 24.34 万 hm²。② 林地资源主要分布在南京、徐州和无锡,分别为 6.62 万 hm²、4.41 万 hm² 和 4.25 万 hm²;在南通、扬州和泰州分布较少,分别为 0.03 万 hm²、0.04 万 hm² 和 0.26 万 hm²。③ 草地资源超过 1 万 hm² 的城市为盐城和淮安,分别为 2.87 万 hm² 和 1.23 万 hm²;泰州、无锡、常州不足 0.1 万 hm²。④ 苏州市的水域面积(28.7 万 hm²)最为广阔且远高于其他城市,排名第二位的是淮安,为 15.5 万 hm²;连云港的水面分布最少,为 2.63 万 hm²。⑤ 滩涂滩地在淮安、扬州、盐城的面积分别为 2.97 万 hm²、2.35 万 hm² 和 2.19 万 hm²;南京的滩涂滩地分布最少,为 0.08 万 hm²。⑥ 徐州和苏州的建设用地面积最广,分别为 26.00 万 hm² 和 23.42 万 hm²;镇江的建设用地面积面积最小,为 8.03 万 hm²。⑦ 各市的未利用地面积均较小,主要分布在常州、南京、苏州、镇江、徐州,其余各市均不足 0.01 万 hm²。

从耕地分布历年变化情况看,2000~2015 年总体上江苏省内各市的耕地面积均呈下降趋势。其中盐城和徐州在 2015 年耕地面积变化出现转折,相比 2010 年开始上升,其余各市耕地面积均连续下降(图 5-9)。苏州水域面积从 2010 年的 29.97 万 hm² 下降 2015 年的 28.71 万 hm²,未利用地面积从 2010 年的 509.23 hm² 下降为 2015 年的 340.92 hm²,表明苏州耕地补充主要依靠水面和未利用地的地类转换。而盐城市滩涂滩地面积从 2000 年的 2.73 万 hm² 下降为 2015 年的 2.19 万 hm²,一定程度上表明盐城的耕地补充主要依靠沿海滩涂开发。

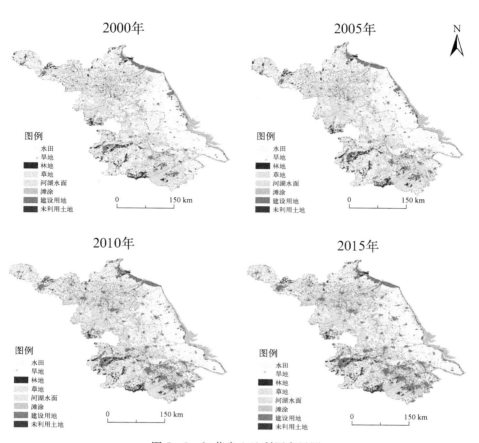

图 5-8 江苏省土地利用布局图

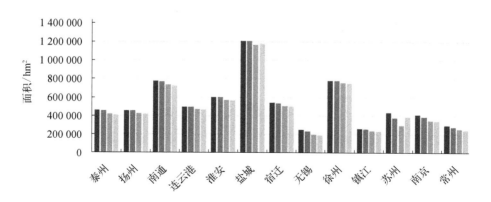

图 5-9 江苏省各市耕地面积变化统计图

2000~2015 年,江苏省内各市建设用地面积均呈连续上升趋势,其中 2000~2005 年上升幅度最大。苏南地区的建设用地增加较为集中,增幅最大的是苏州,达 130.37%,增加比例最低的是盐城,增加比例为 16.45%(图 5-10)。

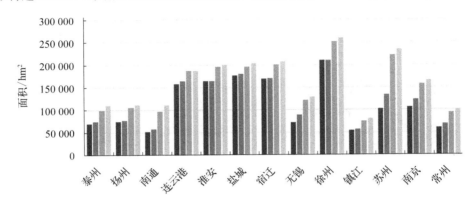

图 5-10　江苏省各市建设用地面积变化统计图

2000~2015 年,省内各市林地面积变化相对较小。林地面积下降比例最高的是徐州,达 29.67%。变动幅度最大的是盐城,其林地面积从 2000 年到 2005 年有所增加,但在 2005 年后出现大幅度下降,2015 年相对于 2005 年下降了 74.74%。无锡的林地面积出现先升后降的现象,但变化幅度相对较小(图 5-11)。

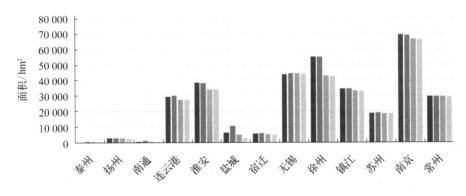

图 5-11　江苏省各市林地面积变化统计图

5.3.3　土地利用中存在的问题

1)土地利用方式粗放。从用地现状来看,江苏省土地利用的集约程度还有待提升。据测算,2015 年全省单位建设用地 GDP 约为 19.2 万元/亩,低于广东和浙江。2014 年全省人均城镇工矿用地面积为 152 m^2,人均农村居民点面积为 394 m^2,远远超过全国 120 m^2 和 140 m^2 的控制标准。耕地生态功能减退、资源环境约束趋紧、土地利用方式粗放、矿山开发重采轻治等问题没有得到根本解决。据统计,全省尚有约 8 600 hm^2 的关闭露采矿山有待整治,这不仅加大了生态环境保护和改善的压力,也增加了地质安全隐患。国土资源节约集约综合利用水平仍需进一步提高。

2)耕地后备资源不足。全省耕地后备资源严重匮乏,结构性和区域性问题愈加凸显。根据江苏省 2013 年土地利用变更调查数据显示,全省耕地后备资源总面积为 29.18 万 hm^2(437.70 万亩),其中可开发土地面积为 5.61 万 hm^2(84.13 万亩)、可复垦土地面积为 22.47 万 hm^2(337.05 万亩)、可整理土地面积为 1.11 万 hm^2(16.58 万亩)。全省耕地后备资源以可复垦土地为主,占总量的 76.99%,主要为可复垦的农村居民点用地、水利设施用地和坑塘水面;其次为可开发土地,占总量的 19.22%。近年来,省域范围的耕地占补平衡任务勉强完成,但后期实现耕地占补平衡难度较大。

3)建设用地增长过快。2000~2014 年,江苏省建设用地总面积从 166.07 万 hm^2(2 491 万亩)增加至 225.13 万 hm^2(3 377 万亩),根据《江苏省土地利用总体规划(2006—2020)》,2020 年建设用地规模控制指标为 222.36 万 hm^2(3 335 万亩),而 2013 年的实际建设用地已达 222.68 万 hm^2,提前 7 年突破土地利用总体规划确定的目标。同时,江苏省土地开发强度居高不下,到 2014 年底,已达 20.99%,居全国之首,突破了国土资源部下达江苏省的开发强度目标,苏南地区更达到 28.4%,部分城市甚至超过了国际公认的 30%临界点。随着"一带一路"、长江经济带、苏南国家自主创新示范区、南京江北新区等国家战略的机遇叠加推动,全省用地需求将依然旺盛,供需矛盾将进一步加剧(吕晓等,2018)。

4)土地生态环境问题突出。江苏省在过去的发展中,过于重视经济增长速度,一定程度上弱化了对区域生态环境的保护。虽然近年来政府加大了环境保护力度,但土地利用的生态环境问题依然面临着较大的挑战。一方面土壤肥力不断下降,有资料显示,江苏省单位播种面积的化肥、农药使用量仍呈递增趋势,这不仅对自然生态环境造成污染,也对土地资源生态环境造成破坏,致使土壤肥力不断下降;另一方面,虽然随着江苏省对产业结构的调整和升级,对"三废"的治理取得了显著成效,部分地区的生态环境得到明显改善,但由于省内仍存在着大量传统工业企业,这些企业生产状况较差,缺乏安装先进治污设施的动力和能力,致使生产过程中产生的"三废"未经充分处理就直接排放,造成对耕地、水域等的污染,影响农业的持续发展。

5.4 耕地细碎化特征

5.4.1 总体特征

5.4.1.1 水网密集,耕地自然破碎现象突出

江苏省东濒黄海,境内有长江、淮河穿过,地形平坦,河湖众多,水网密布。全省土地面积 10.72 万 km²,有主要河道 2 900 多条,湖泊(湖荡)137 个,水库 908 个,水域面积占全省总面积的 16.9%。受此影响,江苏省耕地田块多以水系河网为边界,难以形成较大规模的单个田块。尤其是里下河地区及苏南地区,水网更为密集,耕地破碎现象更严重,由此也形成了"垛田"(图 5-12)、"江南水乡"等自然农业景观。

图 5-12 全球重要农业文化遗产——兴化垛田

图片来源:https://baike.baidu.com

5.4.1.2 人多地少,户均耕地面积较小

根据《江苏统计年鉴—2015》,2014 年江苏省农村户数 1 430.61 万户,户均耕地仅 6.7 亩,低于全国平均水平(8.94 亩)。自古以来江苏省就是富庶之地、鱼米之乡,经济发达,人口增长迅速。新中国成立以来的人口高速增长与工业化、现代化发展产生了剧烈矛盾,户均耕地面积日益减小。尤其是改革开放以来,江苏省经济发展迅速,城市化水平日益提高,耕地面积不断减小,同时集聚型经济吸引了大量外来人口,人地矛盾更加尖锐。

5.4.1.3 建设用地增长快,耕地空间挤占严重

江苏是全国城市化水平最高的地区之一,改革开放四十年来,江苏省建设用地急剧扩张,大城市蔓延性扩张和乡镇工业点状扩张并存,新建道路、厂房、采矿用地等建设用地不断占用耕地,并将耕地切分为更细小的田块。江苏是全国乡镇企业最有活力的地区之一,发展之初的乡镇企业呈现散乱、无序、粗放的布局,导致耕地破碎化更加严重。

5.4.1.4 区域耕地细碎化差异显著

江苏省不同区域在地形地貌、自然条件、经济发展等方面都存在较大差异,这也导致江苏省不同地区的耕地细碎化程度差异显著。总体来看,苏南地区由于水系密集、建设用地扩张更为剧烈、人口密度更高,耕地细碎化现象也更加严重。里下河地区,由于地形原因,水网密布,耕地细碎化现象也较为严重。而在苏北的徐州地区,耕地细碎化程度较轻,呈现出黄淮海平原耕地集中连片的农业景观。

5.4.2 耕地细碎化影响

江苏省的耕地细碎化现象对农业生产产生了多种影响(卢华等,2016,2015;郭贯成等,2016)。一方面,农户分散地块有可能种植多种农作物,较小地块可以选择种植蔬菜等供家庭食用,规模较小,规避了大规模种植可能遭受的市场波动风险(张尹君杰等,2008),且小规模种植模式下亩均投入更高,致使个体农户精耕细作的生产模式可能提高了总体产量;另一方面,耕地细碎化又对农民生产便利性、耕地利用效率有消极影响(Falco et al.,2010),农户地块分散导致交通花费时间较多,农业生产效率较低;地块面积过小导致部分田块机械化困难(张蚌蚌等,2013)、田埂密度高,耕地利用效率下降(许玉光等,2017)。同时,由于一定区域内的耕地权属主体较多,不利于较大规模的土地流转,协调难度更大。

因此,伴随江苏省社会经济的快速发展,在资源环境约束趋紧、耕地保护压力加剧、生态环境污染日益严峻等的现实挑战下,在明确区域耕地细碎化地域分异机制的基础上,基于耕地资源在自然属性、空间属性及生产利用属性等方面的空间分异特征,引导实施区域耕地细碎化治理工程,破解由于耕地细碎化造成的生产成本增加、技术效率受限、劳动力浪费、农业产出降低等问题,对新时期促进社会经济发展、保障粮食安全、推进生态文明建设具有重要意义。

6 江苏省耕地细碎化空间分异特征

6.1 数据处理及权重确定

本书以 2014 年江苏省行政区划下的乡镇级单位作为评价单元(江苏省农垦集团和江苏省沿海开发集团以农场或分公司作为评价单元),剔除辖区内无耕地的评价单元 133 个,共包含评价单元 1 389 个。以 2014 年江苏省土地利用变更调查数据库(1∶1 万)为基础,江苏省耕地图斑总计 719.123 万个,各市耕地面积与图斑数量见图 6-1。

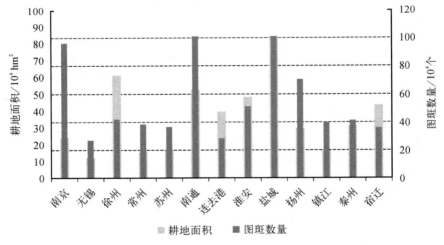

图 6-1 江苏省内各市耕地面积与图斑数量

1) 奇异值探测。为保证数据处理质量,使总体数据分布维持在合理范围,本书采用三倍方差法将原始数据中在 $\mu \pm 3\sigma$ 外的数值视为奇异值,其中 μ、σ 分别代表样本的数学期望和标准差。

2）奇异值与缺失值处理。为尽量保留有效数据信息,采用 SPSS 19.0 软件对数据完整且无奇异值的变量(耕地总面积、平均斑块面积、聚集度、生活便利性、设施完备度)进行 K‑Means 均值聚类,将样本组合为 6 类,分别计算每组各变量均值,以均值取代奇异值并填补缺失值。

3）数据标准化处理与指标权重确定。为消除指标单位和量纲差别对评价结果的影响,采用极值标准化法对评价指标数据进行标准化处理。同时,为克服客观赋权法对评价数据过分依赖及主观赋权法的主观随意性等问题,在对评价指标进行标准化处理的基础上,采用熵权法与 AHP 法组合赋权法确定各评价指标权重,指标权重结果见表 6‑1。

表 6‑1　耕地细碎化评价指标权重确定结果

目标层	准则层	准则层组合权重	指标层	预期属性	指标层组合权重
耕地细碎化	资源规模性	0.391	斑块数量	+	0.353
			耕地总面积	−	0.261
			斑块密度	+	0.221
	空间集聚性	0.311	聚集度	−	0.386
			平均最近距离	+	0.372
			边界密度	+	0.242
	利用便利性	0.298	生产便利性	+	0.354
			经营便利性	+	0.309
			地块通达度	−	0.148
			形状规整度	+	0.053
			设施完备度	−	0.136

注:"+"与"−"代表预期指标属性,"+"表示正向指标,"−"表示负向指标。

6.2　省域耕地细碎化空间格局分析

6.2.1　资源规模性单指标分析

6.2.1.1　斑块数量

斑块数量表征一定区域内耕地斑块的数量,其值大小与细碎化有很好的正相关性,一般规律是斑块数量越大,细碎化程度越高。

（1）基于乡镇的耕地斑块数量分布

以乡镇为评价单元,江苏省耕地斑块数量分布状况见图 6‑2。斑块数量最大值为 19 946,最小值为 1,平均值为 4 452,标准差为 4 046。斑块数量高值区主要集中在南通、盐城、南京及常州,苏南及苏中地区的耕地斑块数量略高于苏北地区。

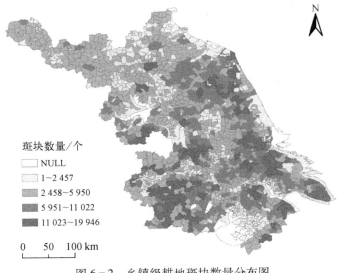

图 6-2 乡镇级耕地斑块数量分布图

（2）基于市级的耕地斑块数量分布

以地级市为评价单元,江苏省耕地斑块数量统计见图 6-3。耕地斑块数量差异最大的是南京,徐州、宿迁和连云港的乡镇耕地斑块数量差异相对较小。

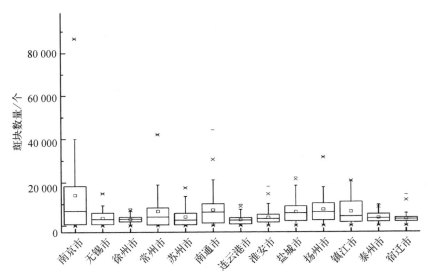

图 6-3 市级耕地斑块数量箱线图

（3）耕地斑块数量指数等级划分

在乡镇尺度下，通过专家打分法对表征耕地资源规模性的指标赋权重，基于 ArcGIS 工具，用自然断点法将耕地斑块数量指数分为 4 个等级（表 6-2），分别为 Ⅰ 类（0~0.122）、Ⅱ 类（0.123~0.223）、Ⅲ 类（0.224~0.325）和 Ⅳ 类（0.326~1）。省内耕地斑块数量指数的最大值为 1，最小值为 0，均值为 0.223。从空间分布上看（图 6-4），斑块数量指数呈现从北到南逐渐增加的格局特征，表现为北部的低值聚集区和西南部的高值聚集区，这与江苏省由北至南逐级递增的经济发展格局基本一致。从各等级乡镇的数量结构看，耕地斑块数量处于低、较低、较高、高等级的乡镇占比分别为 35.78%、24.55%、16.34% 和 23.33%。

表 6-2　斑块数量指数等级划分标准

等　级		统计标准	斑块数量分布范围
Ⅰ	低	［最小值，均值-0.5 标准差］	［0,0.122］
Ⅱ	较低	（均值-0.5 标准差，均值］	（0.122,0.223］
Ⅲ	较高	（均值，均值+0.5 标准差］	（0.223,0.325］
Ⅳ	高	（均值+0.5 标准差，最大值］	（0.325,1］

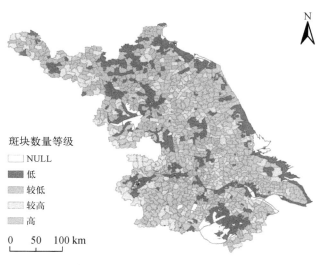

斑块数量等级
□ NULL
■ 低
■ 较低
□ 较高
▨ 高

0　50　100 km

图 6-4　标准化后江苏省耕地斑块数量等级分布图

6.2.1.2　耕地总面积

耕地总面积表征一定区域范围内的耕地规模，是衡量耕地斑块细碎化程度的重要指标，耕地面积越大，耕地细碎化程度越低。

（1）基于乡镇的耕地斑块总面积分布

以乡镇为评价单元，江苏省耕地斑块面积分布状况见图 6-5。耕地斑块总面积最大值为 13 016. 435 hm², 最小值为 0. 315 hm², 平均值为 3 366. 195 hm², 标准差为 2 558. 567 hm²。耕地斑块面积的高值区主要集中在南通、盐城、徐州、南京及常州, 苏南和苏北略高于苏中地区。

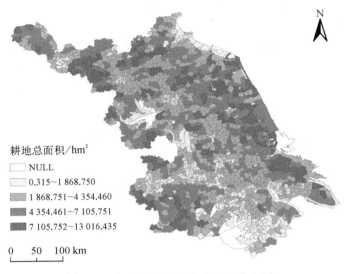

图 6-5　江苏省耕地斑块总面积分布图

（2）基于市级的耕地斑块总面积统计

以地级市为评价单元, 江苏省耕地斑块总面积统计见图 6-6。由图可知,

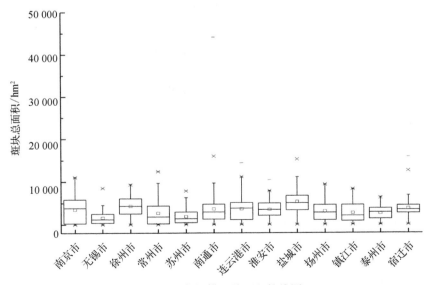

图 6-6　市级耕地总面积箱线图

基于市域尺度下耕地斑块总面积的空间分异程度较低,各市耕地斑块总面积差异较小,其中无锡和宿迁的耕地斑块总面积的差异最小。

(3)耕地斑块总面积等级划分

在乡镇尺度下,通过专家打分法对表征耕地资源规模性的指标赋权重,同时基于 ArcGIS 工具,用自然断点法将耕地斑块总面积指数分为 4 个等级(表 6 - 3),分别为 Ⅰ 类(0~0.643)、Ⅱ 类(0.644~0.741)、Ⅲ 类(0.742~0.840)和 Ⅳ 类(0.841~1)。省内耕地斑块总面积指数的最大值为 1,最小值为 0,均值为 0.741。从空间分布上看(图 6 - 7),江苏省耕地斑块总面积指数呈现从北到南逐渐增加的空间格局特征,表现为北部和西南部的低值聚集区,南部的高值聚集区,这与省域内由北至南逐级递增的经济发展格局基本一致。从各等级乡镇的数量结构看,处于低、较低、较高、高等级的乡镇占比分别为 28.73%、18.72%、18.36% 和 34.20%。

表 6 - 3 标准化后耕地斑块总面积等级划分标准

等	级	统计标准	标准化后斑块总面积分级标准
Ⅰ	低	[最小值,均值-0.5 标准差]	[0,0.643]
Ⅱ	较低	(均值-0.5 标准差,均值]	(0.643,0.741]
Ⅲ	较高	(均值,均值+0.5 标准差]	(0.741,0.840]
Ⅳ	高	(均值+0.5 标准差,最大值]	(0.840,1]

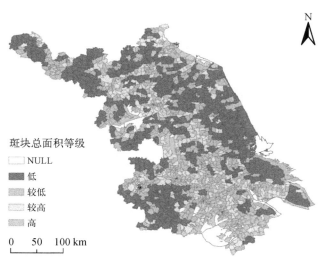

图 6 - 7 标准化后江苏省耕地斑块总面积等级分布图

6.2.1.3 斑块密度

斑块密度表征单位面积的耕地斑块数量。单位面积内的耕地斑块数量越多,斑块密度越大,耕地景观基质的孔隙性就越高,耕地细碎化程度越高。

（1）基于乡镇的耕地斑块密度分布

以乡镇为评价单元,江苏省耕地斑块密度分布状况见图6-8。省内斑块密度最大为7.653个/hm²,最小为0.001个/hm²,其平均值为1.625个/hm²,标准差为1.134个/hm²。苏南地区的耕地斑块密度高于苏北地区。

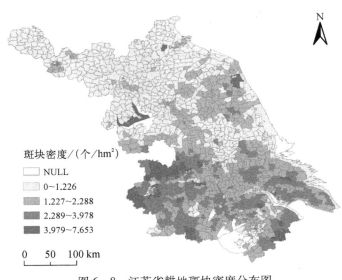

图6-8　江苏省耕地斑块密度分布图

（2）基于市级的耕地斑块密度统计

以地级市为评价单元,江苏省耕地斑块密度统计见图6-9。由图可知,市域尺度下耕地斑块密度差异较大,斑块密度最大值位于南京,该市的耕地斑块密度差异也最为明显,宿迁的耕地斑块密度差异最小。

（3）耕地斑块密度等级划分

在乡镇尺度下,通过专家打分法对表征耕地资源规模性的指标赋权重,同时基于ArcGIS工具,用自然断点法将耕地斑块密度指数分为4个等级(表6-4),分别为Ⅰ类(0~0.138)、Ⅱ类(0.139~0.212)、Ⅲ类(0.213~0.286)和Ⅳ类(0.287~1)。省内斑块密度指数的最大值为1,最小值为0,均值为0.212。从空间分布上看(图6-10),江苏省耕地斑块密度指数呈现从北到南逐渐增加的空间格局特征,表现为北部的低值聚集区和南部的高值聚集区,这与省域由北至南逐级递增的经济发展格局基本一致。从各等级乡镇的数量结构看,处于低、较低、较高、高等级的乡镇占比分别为38.88%、20.23%、16.70%和24.19%。

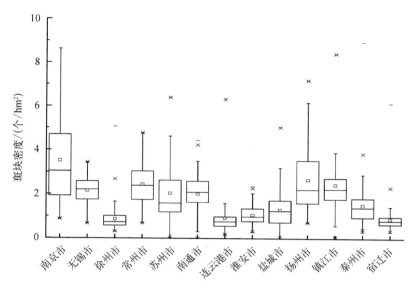

图 6-9 市级耕地密度箱线图

表 6-4 标准化后斑块密度等级划分标准

等	级	统计标准	标准化后斑块密度分级标准
Ⅰ	低	[最小值,均值-0.5标准差]	[0,0.138]
Ⅱ	较低	(均值-0.5标准差,均值]	(0.138,0.212]
Ⅲ	较高	(均值,均值+0.5标准差]	(0.212,0.286]
Ⅳ	高	(均值+0.5标准差,最大值]	(0.286,1]

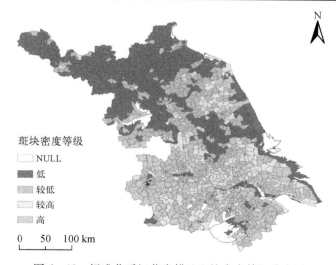

斑块密度等级
☐ NULL
■ 低
▨ 较低
▢ 较高
▨ 高

0   50   100 km

图 6-10 标准化后江苏省耕地斑块密度等级分布图

6.2.2 空间集聚性单指标分析

6.2.2.1 集聚度

聚集度表征一定区域范围内耕地斑块的空间集聚程度,聚集度越大表明聚集程度越高,细碎化程度越低。

(1)基于乡镇的耕地斑块聚集度分布

以乡镇为评价单元,江苏省耕地斑块聚集度分布见图 6-11。省内耕地斑块聚集度的最大值为 99.595,最小值为 4.546,平均值为 80.318,中位数为82.060,标准差为 8.723。聚集度值较高乡镇主要集中于苏北和苏中地区。

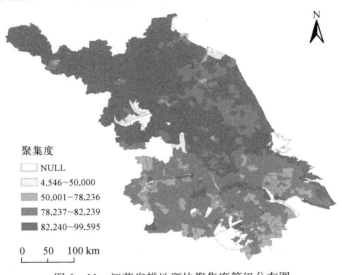

聚集度
- ☐ NULL
- ☐ 4.546~50.000
- ▨ 50.001~78.236
- ▨ 78.237~82.239
- ■ 82.240~99.595

0   50   100 km

图 6-11　江苏省耕地斑块聚集度等级分布图

(2)基于市级的耕地斑块聚集度统计

以地级市为评价单元,江苏省耕地斑块聚集度统计见图 6-12。由图可见,各市斑块聚集度最大值均较高,普遍位于 80 以上,最小值集中于 60 附近,这表明各市耕地斑块都较为聚集,其中常州的耕地斑块聚集度的差异较大。

(3)耕地斑块聚集度等级划分

在乡镇尺度下,通过专家打分法对表征耕地空间集聚性的指标赋权重,同时基于 ArcGIS 工具,用自然断点法将耕地斑块聚集度指数分为 4 个等级(表 6-5),分别为 Ⅰ类(0~0.157)、Ⅱ类(0.158~0.203)、Ⅲ类(0.204~0.249)和Ⅳ类(0.250~1)。江苏省斑块聚集度指数的最大值为 1,最小值为 0,均值为 0.203。从空间分布上看(图 6-13),耕地斑块聚集度指数呈现从北到南逐渐增加的空间格局特征,表现为北部的低值聚集区和南部的高值聚集区,这与省域内由北至南逐级递增的经济发展格局基本一致。从各等级乡镇的数量结构看,处于低、较

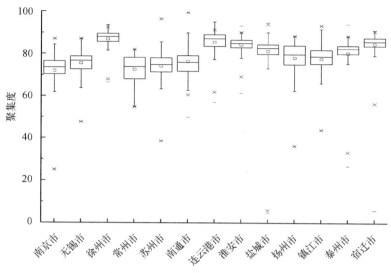

图6-12 市级耕地聚集度箱线图

低、较高、高等级的乡镇占比分别为32.90%、24.77%、18.72%和23.61%。

表6-5 耕地聚集度等级划分标准

等 级		统计标准	聚集度分布范围
Ⅰ	低	[最小值,均值-0.5标准差]	[0,0.157]
Ⅱ	较低	(均值-0.5标准差,均值]	(0.157,0.203]
Ⅲ	较高	(均值,均值+0.5标准差]	(0.203,0.249]
Ⅳ	高	(均值+0.5标准差,最大值]	(0.249,1]

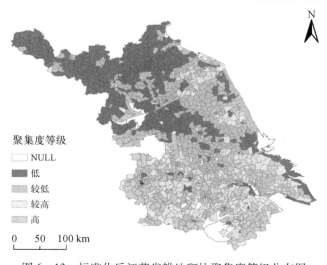

图6-13 标准化后江苏省耕地斑块聚集度等级分布图

6.2.2.2 平均最近距离

平均最近距离表征一定区域内耕地斑块的平均距离。耕地斑块间的平均耕作半径越小,表明耕地距农村居民点的距离越小,农民从事农业生产活动越便利,耕地细碎化程度越低;耕地斑块间的平均最近距离越大,细碎化程度越高。

（1）基于乡镇的耕地斑块平均最近距离分布

以乡镇为评价单元,江苏省耕地平均最近距离分布状况见图 6 – 14。平均最近距离的最大值为 187.23 m,最小值为 1 m,平均值为 44.949 m,中位数为 39.340 m,标准差为 20.511 m。乡镇尺度下,省内耕地斑块的平均最近距离主要集中于 0~50 m。

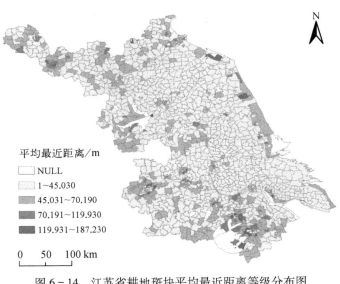

图 6 – 14　江苏省耕地斑块平均最近距离等级分布图

（2）基于市级的耕地斑块平均最近距离统计

以市级为评价单元,江苏省耕地斑块平均最近距离统计见图 6 – 15。各市中,平均最近距离的中位数均集中于 50 m 附近,平均最近距离最大值位于苏州,而无锡耕地斑块平均最近距离的内部差异最大。

（3）耕地斑块平均最近距离等级划分

在乡镇尺度下,通过专家打分法对表征耕地空间集聚性的指标赋权重,同时基于 ArcGIS 工具,用自然断点法将耕地斑块平均最近距离指数分为 4 个等级（表 6 – 6）,分别为 I 类（0~0.181）、II 类（0.182~0.236）、III 类（0.237~0.291）和 IV 类（0.292~1）。江苏省耕地斑块平均最近距离指数的最大值为 1,最小值为 0,均值为 0.236。从空间分布上看（图 6 – 16）,省内耕地斑块平均最近距离

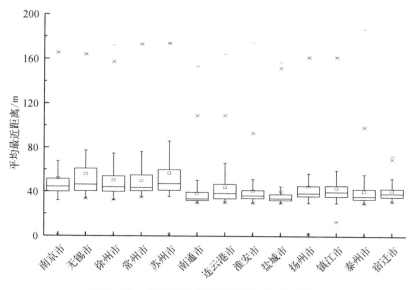

图 6-15　市级耕地斑块平均最近距离箱线图

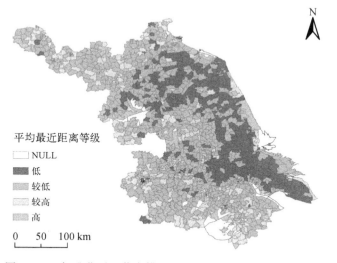

图 6-16　标准化后江苏省耕地斑块平均最近距离等级分布图

指数呈现从北到南逐渐增加的空间格局特征,表现为北部、中部的低值聚集区和南部的高值聚集区,这与省域内由北至南逐级递增的经济发展格局基本一致。从各等级乡镇的数量结构看,处于低、较低、较高、高等级的乡镇占比分别为25.85%、44.92%、14.90%和14.33%。

表6-6 标准化后的斑块平均最近距离等级划分标准

等 级		统计标准	标准化后的平均最近距离分布范围
Ⅰ	低	[最小值,均值-0.5标准差]	[0,0.181]
Ⅱ	较低	(均值-0.5标准差,均值]	(0.181,0.236]
Ⅲ	较高	(均值,均值+0.5标准差]	(0.236,0.291]
Ⅳ	高	(均值+0.5标准差,最大值]	(0.291,1]

6.2.2.3 边界密度

边界密度表征一定区域范围内耕地斑块的分隔程度。耕地边界密度越大,表明斑块被分割程度越高,耕地细碎化程度越高。

（1）基于乡镇的耕地边界密度分布

以乡镇为评价单元,江苏省耕地边界密度分布状况见图6-17。省内耕地边界密度的最大值为1 278.160 m/hm²,最小值为0.062 m/hm²,平均值为540.394 m/hm²,中位数为518.946 m/hm²,标准差为196.733。省内耕地边界密度的低值区主要集中于苏北地区。

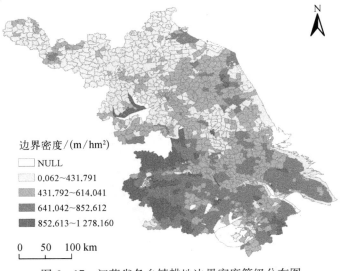

图6-17 江苏省各乡镇耕地边界密度等级分布图

（2）基于市级的耕地边界密度统计

以地级市为评价单元,江苏省耕地斑块边界密度统计见图6-18。由图可知,省内耕地斑块边界密度差异较为明显,其中耕地边界密度值的差异值在南京、苏州和扬州较大,而在宿迁最小。

（3）耕地边界密度等级划分

在乡镇尺度下,通过专家打分法对表征耕地空间集聚性的指标赋权重,同时

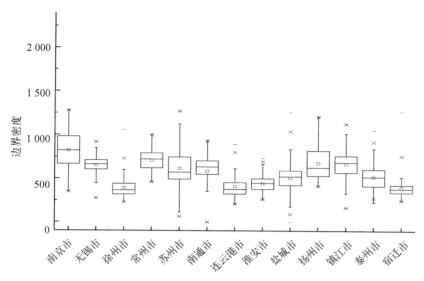

图6-18 江苏省各地级市耕地边界密度箱线图

基于 ArcGIS 工具,用自然断点法将耕地边界密度指数分为 4 个等级(表6-7),分别为Ⅰ类(0~0.346)、Ⅱ类(0.347~0.428)、Ⅲ类(0.429~0.500)和Ⅳ类(0.501~1)。江苏省耕地边界密度指数的最大值为 1,最小值为 0,均值为 0.423。从空间分布上看(图6-19),省内耕地边界密度指数呈现从北到南逐渐增加的空间格局特征,表现为北部的低值聚集区和南部的高值聚集区,这与省域内由北至南逐级递增的经济发展格局基本一致。从各等级乡镇的数量结构看,

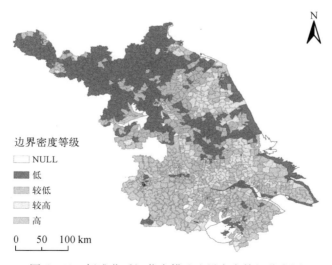

边界密度等级
NULL
低
较低
较高
高

0　50　100 km

图6-19 标准化后江苏省耕地边界密度等级分布图

处于低、较低、较高、高等级的乡镇占比分别为 35.21%、19.73%、16.99% 和 28.08%。

表 6-7 标准化后的边界密度等级划分标准

等 级		统计标准	标准化后的边界密度分布范围
I	低	[最小值,均值-0.5 标准差]	[0,0.346]
II	较低	(均值-0.5 标准差,均值]	(0.346,0.428]
III	较高	(均值,均值+0.5 标准差]	(0.428,0.500]
IV	高	(均值+0.5 标准差,最大值]	(0.500,1]

6.2.3 利用便利性单指标分析

6.2.3.1 地块通达度

地块通达度表征一定区域范围内耕地的地块通达状况,地块通达度越高,表示其便利性越好,耕地细碎化程度越小。

（1）基于乡镇的地块通达度分布

以乡镇为评价单元,各乡镇地块通达度分布见图 6-20,其中最大值为 0.991,最小值为 0,平均数为 0.505,中位数为 0.519,标准差为 0.204。苏南、苏中地块通达度明显高于苏北地区。

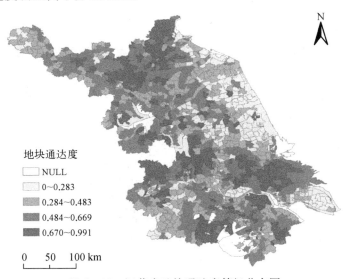

地块通达度
□ NULL
□ 0~0.283
▨ 0.284~0.483
▨ 0.484~0.669
■ 0.670~0.991

0　50　100 km

图 6-20 江苏省地块通达度等级分布图

（2）基于市级的地块通达度统计

以地级市为评价单元,江苏省耕地地块通达度统计见图 6-21。由图可见,各市地块通达度指数的最大值、最小值及中位数均存在较大差异,表明各市内部地块通达度值跨度较大,其中南通差异最为显著,而淮安差异最小。

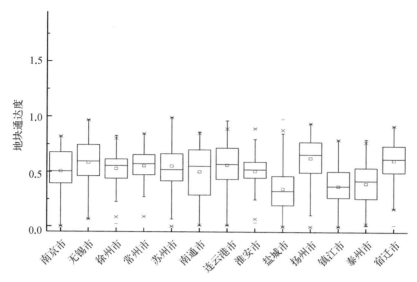

图6-21　市级地块通达度箱线图

(3) 耕地地块通达度等级划分

在乡镇尺度下,通过专家打分法对表征耕地利用便利性的指标赋权重,同时基于ArcGIS工具,用自然断点法将耕地地块通达度指数分为4个等级(表6-8),分别为Ⅰ类(0~0.388)、Ⅱ类(0.389~0.491)、Ⅲ类(0.492~0.594)和Ⅳ类(0.595~1)。江苏省耕地地块通达度指数的最大值为1,最小值为0,均值为0.491。从空间分布上看(图6-22),江苏省耕地地块通达度指数呈现从北到南逐渐增加的空间格局特征,表现为北部和中部的低值聚集区和西南部和东北部的高值聚集区,这与省域由北至南逐级递增的经济发展格局基本一致。从各等级乡镇的数量结构看,处于低、较低、较高、高等级的乡镇占比分别为32.04%、21.17%、17.78%和29.01%。

表6-8　标准化后的地块通达度等级划分标准

等　级		统计标准	标准化后的地块通达度分布范围
Ⅰ	低	[最小值,均值-0.5标准差]	[0,0.388]
Ⅱ	较低	(均值-0.5标准差,均值]	(0.388,0.491]
Ⅲ	较高	(均值,均值+0.5标准差]	(0.491,0.594]
Ⅳ	高	(均值+0.5标准差,最大值]	(0.594,1]

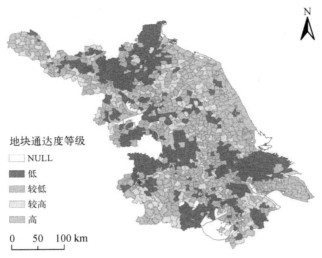

图 6 - 22　标准化后江苏省耕地地块通达度等级分布图

6.2.3.2　形状规整度

形状规整度表征一定区域范围内耕地斑块形状的规整程度。形状规整度指数越小,表明耕地的形状越不规则,耕地细碎化程度越高。

（1）基于乡镇的耕地形状规整度指数统计

以镇为评价单元,江苏省耕地斑块耕地形状规整度指数分布见图 6 - 23。耕地形状规整度指数的最大值为 2.491,最小值为 0.517,平均数为 1.27,中位数为 1.466,标准差为 0.221。省内耕地地块形状规整度低值区主要集中于苏北地区。

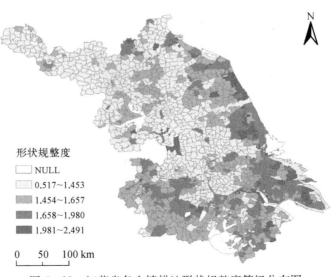

图 6 - 23　江苏省各乡镇耕地形状规整度等级分布图

（2）基于市级的耕地形状规整度指数统计

以地级市为评价单元,江苏省耕地形状规整度指数统计见图6-24。各市耕地形状规整度的指数值分布较为聚集,最大值在2~2.5,最小值集中在1.5附近,表明各市之间斑块形状差异不显著,区域分异特征不突出。

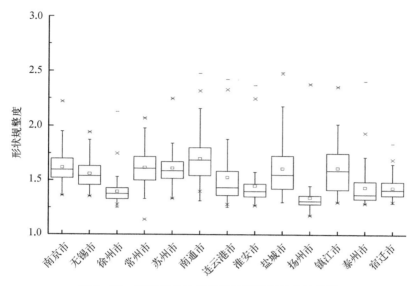

图6-24　江苏省各地级市耕地形状规整度箱线图

（3）耕地形状规整度等级划分

在乡镇尺度下,通过专家打分法对表征规模性的指标赋权重,同时基于ArcGIS工具,用自然断点法将耕地形状规整度指数分为4个等级(表6-9),分别为Ⅰ类(0~0.456)、Ⅱ类(0.457~0.512)、Ⅲ类(0.513~0.568)和Ⅳ类(0.569~1)。江苏省耕地形状规整度指数的最大值为1,最小值为0,均值为0.512。从空间分布上看(图6-25),江苏省耕地形状规整度指数呈现从北到南逐渐增加的空间格局特征,表现为北部的低值聚集区和南部的高值聚集区,这与省域内由北至南逐级递增的经济发展格局基本一致。从各等级乡镇的数量结构看,处于低、较低、较高、高等级的乡镇占比分别为38.16%、22.17%、15.55%和24.12%。

表6-9　标准化后的形状规整度等级划分标准

等　级		统计标准	标准化后的形状规整度分布范围
Ⅰ	低	[最小值,均值-0.5标准差]	[0,0.456]
Ⅱ	较低	(均值-0.5标准差,均值]	(0.456,0.512]
Ⅲ	较高	(均值,均值+0.5标准差]	(0.512,0.568]
Ⅳ	高	(均值+0.5标准差,最大值]	(0.568,1]

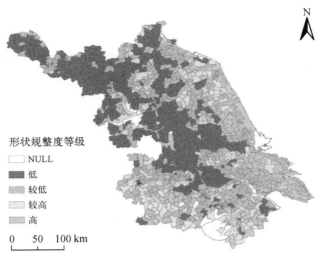

图 6 - 25　标准化后江苏省耕地形状规整度等级分布图

6.2.3.3　设施完备度

设施完备度表征一定区域内单位耕地面积的农业基础设施配套状况。设施完备度越大,农业基础设施越完备,农业生产活动越便利,耕地细碎化程度越小。

（1）基于乡镇的设施完备度分布

以乡镇为评价单元,江苏省农业基础设施完备度状况见图 6 - 26。省内设施完备度指数的最大值为 0.975,最小值为 0,平均值为 0.162,中位数为 0.145,标准差为 0.108。省内耕地基础设施完备度的较低值主要集中于苏南地区。

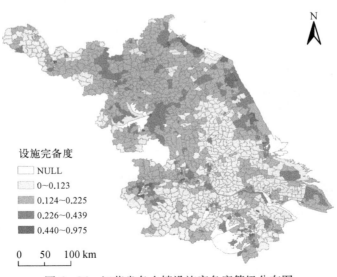

图 6 - 26　江苏省各乡镇设施完备度等级分布图

（2）基于市级的设施完备度统计

以地级市为评价单元,江苏省农业基础设施完备度统计见图6-27。江苏省内各市耕地基础设施完备度指数值聚集效应明显,其最大值、最小值及中位数都较为接近,且值均较小,这主要由基础设施占地面积较小所导致。

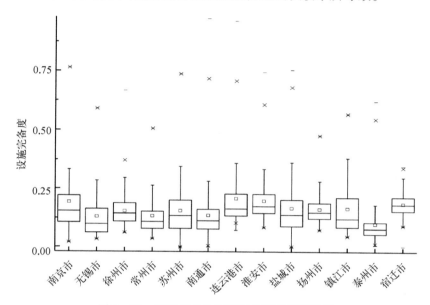

图6-27　江苏省各地级市设施完备度箱线图

（3）耕地设施完备度等级划分

在乡镇尺度下,通过专家打分法对表征规模性的指标赋权重,同时基于ArcGIS工具,用自然断点法将耕地设施完备度指数分为4个等级（表6-10）,分别为Ⅰ类（0~0.779）、Ⅱ类（0.780~0.834）、Ⅲ类（0.835~0.889）和Ⅳ类（0.890~1）。江苏省耕地基础设施完备度指数的最大值为1,最小值为0,均值为0.834。从空间分布上看（图6-28）,江苏省耕地基础设施完备度指数呈现从北到南逐渐增加的空间格局特征,表现为北部的低值聚集区和中部、南部的高值聚集区,这与省域内由北至南逐级递增的经济发展格局基本一致。从各等级乡镇的数量结构看,处于低、较低、较高、高等级的乡镇占比分别为18.86%、20.59%、29.88%和30.67%。

表6-10　标准化后的设施完备度等级划分标准

等级		统计标准	标准化后的设施完备度范围
Ⅰ	低	［最小值,均值-0.5标准差］	［0,0.779］
Ⅱ	较低	（均值-0.5标准差,均值］	（0.779,0.834］

等级		统计标准	标准化后的设施完备度范围
Ⅲ	较高	(均值,均值+0.5 标准差]	(0.834,0.889]
Ⅳ	高	(均值+0.5 标准差,最大值]	(0.889,1]

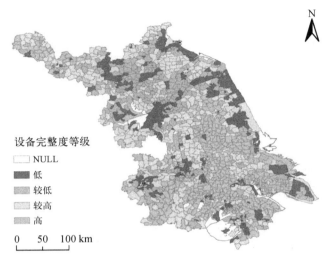

图 6-28　标准化后江苏省耕地设施完备度等级分布图

6.3　省域耕地细碎化空间分异特征

6.3.1　资源规模性分析

　　耕地细碎化是一种与土地规模化、集约化经营相悖的土地利用现象,其直观表现是地块规模较小、地块零散、形状不规整。一定区域的耕地规模状况能够在一定程度上反映区域耕地细碎化程度,耕地的规模性主要体现在耕地面积、数量、密度等方面。因此,选取斑块数量、耕地总面积、斑块密度等指标表征耕地规模性。耕地斑块数量越多,耕地细碎化程度越高;耕地总面积越小,耕地细碎化程度越高;耕地斑块密度越大,耕地细碎化程度越高。通过专家打分法对表征规模性的指标赋权重,同时基于 ArcGIS 工具,在乡镇尺度用自然断点法将耕地斑块规模性程度分为 4 个等级(表 6-11),分别为 Ⅰ 类(0.180~0.584)、Ⅱ 类(0.585~0.633)、Ⅲ类(0.634~0.681)和Ⅳ类(0.682~0.934)。

表6-11 资源规模性等级划分标准

等 级		统计标准	资源规模性范围
Ⅰ	低	[0.180,0.584]	[0,0.388]
Ⅱ	较低	(0.584,0.633]	(0.388,0.491]
Ⅲ	较高	(0.633,0.681]	(0.491,0.594]
Ⅳ	高	(0.681,0.934]	(0.594,1]

　　江苏省耕地细碎化的资源规模属性空间差异显著,总体呈现出苏北—苏中—苏南逐级递减的空间分异格局(图6-29)。耕地资源规模性指数 NSC 最大值为0.934,最小值为0.180,均值为0.633。全省耕地的资源规模属性处于低、较低、较高、高等级的乡镇占比分别为27.29%、17.06%、20.73%和34.92%。耕地资源规模属性介于0.180~0.584,处于低等级的乡镇为379个,主要分布于南京、镇江、无锡、南通、扬州及常州等西南低山丘陵区及沿海平原区。其中,南京、扬州、镇江以及南通市域范围内耕地资源规模属性处于低等级的乡镇分别为47、53、35和79个,占比分别为69.12%、55.79%、57.38%和54.48%;资源规模属性介于0.585~0.633,处于较低等级的乡镇共计237个,主要分布于扬州北部、泰州南部、盐城西部等里下河平原、沿江平原及沿海平原区,占比分别为26.32%、26.50%和23.70%;耕地资源规模属性介于0.634~0.681,处于较高等级的乡镇共计288个,主要分布于扬州北部、苏州中西部、泰州中部、淮安东部及北部等环太湖平原区及徐淮平原东南部;资源规模属性介于0.682~0.934,处于高等级的乡镇共计485个,主要分布于徐州、连云港、宿迁及淮安等徐淮平原大

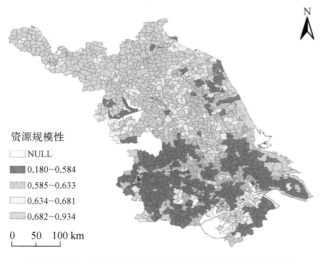

资源规模性
- NULL
- 0.180~0.584
- 0.585~0.633
- 0.634~0.681
- 0.682~0.934

0　50　100 km

图6-29 江苏省耕地细碎化资源规模属性分布图

部分及里下河平原西部和东部地区。其中,连云港、宿迁、徐州市域范围内资源规模属性处于高等级的乡镇分别为 79、88 和 99 个,占比达 72.48%、75.86% 和 70.21%,区域耕地资源规模性较好,农业优势明显。

6.3.2 空间集聚性分析

耕地细碎化造成地块零散、分散,难以实现规模化经营。耕地细碎化程度越严重,耕地斑块越分散,集聚性越差。耕地的集聚状况能够在一定程度上反映耕地的细碎化状况,因此选取聚集度、平均最近距离、边界密度等指标表征耕地的空间集聚性。耕地聚集度越高,耕地分布越集中,耕地细碎化程度越低;相邻耕地之间的平均最近距离越小,细碎化程度越低;边界密度越小,耕地细碎化程度越低。通过对表征集聚性的评价指标赋权重,在乡镇尺度将耕地斑块集聚性程度划分为 4 个等级(表 6-12),分别为 I 类(0.266~0.690)、II 类(0.691~0.732)、III 类(0.733~0.774)和 IV 类(0.775~0.959)。

表 6-12　空间集聚性等级划分标准

等　级		统计标准	空间集聚性范围
I	低	[最小值,均值-0.5 标准差]	[0.266,0.690]
II	较低	(均值-0.5 标准差,均值]	(0.690,0.732]
III	较高	(均值,均值+0.5 标准差]	(0.732,0.774]
IV	高	(均值+0.5 标准差,最大值]	(0.774,0.959]

由图 6-30 可知,江苏省耕地空间集聚性较高,但区域差异明显,总体而言,苏北和苏中高于苏南地区。空间集聚属性指数 SAC 最大值为 0.959,最小值为 0.266,均值为 0.732。全省耕地空间集聚属性处于低、较低、较高、高等级的乡镇占比分别为 24.48%、16.99%、22.89% 和 35.64%。耕地空间集聚性介于 0.266~0.690,处于低等级的乡镇共计 340 个,主要分布于南京、镇江西部、扬州西南部、苏州东部及南部等地区,地形以低山丘陵及环太湖平原为主。其中,南京、常州、苏州市域范围内,耕地空间集聚属性处于低等级的乡镇分别为 50、35 和 53 个,占比达 73.53%、60.34% 和 58.24%,耕地空间布局分散,集聚性较差;耕地空间集聚性介于 0.691~0.732,处于较低等级的乡镇共计 236 个,主要分布于镇江、无锡西部、苏州西部及南通南部等地区,占比分别为 31.18%、32.89%、23.08% 和 36.55%;耕地空间集聚性介于 0.733~0.774,处于较高等级的乡镇共计 318 个,主要分布于江苏中部的盐城、扬州中东部、泰州南部等沿海沿江平原及里下河平原地区,区域耕地空间集聚性较高;耕地空间集聚性介于 0.775~0.959,处在高等级的乡镇共计 495 个,主要集中在徐州、淮安、宿迁及连云港等

徐淮平原及里下河平原地区。其中,宿迁、连云港及徐州市域范围内耕地空间集聚性处于高等级的乡镇分别为91、77和99个,相应占比达78.45%、70.64%和70.21%,区域耕地空间分布集中,连片度高,发展规模农业优势显著。

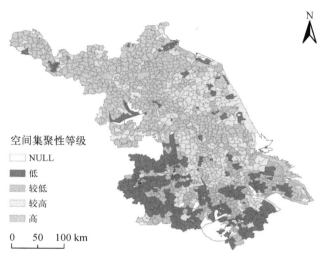

图 6-30　标准化后江苏省耕地细碎化空间集聚属性分布图

6.3.3　利用便利性分析

耕地细碎化除了造成地块规模偏小、地块分散、形状不规整等问题以外,也会影响土地的流转,限制土地的规模化、集约化生产,导致农业生产经营便利性降低。耕地的便利性主要体现在距农村居民点、城镇或城市的距离以及田间道路、沟渠等农用设施的便利程度等方面。因此,选取地块通达度、形状规整度、设施完备度等指标表征从事农业生产活动的便利程度。耕地地块通达度越高,表示便利性越好,耕地细碎化程度越低;耕地形状规整度指数越大,表明耕地的形状越规则,耕地细碎化程度越低;耕地设施完备度越大,农业生产活动越便利,耕地细碎化程度越低。通过对表征便利性的评价指标赋权重,在乡镇尺度将耕地斑块便利性程度划分为4个等级(表6-13),分别为Ⅰ类(0.009~0.321)、Ⅱ类(0.322~0.392)、Ⅲ类(0.393~0.463)和Ⅳ类(0.464~0.750)。

表 6-13　利用便利性等级划分标准

等　级		统计标准	利用便利性范围
Ⅰ	低	[最小值,均值-0.5标准差]	[0.009,0.321]
Ⅱ	较低	(均值-0.5标准差,均值]	(0.321,0.392]

等　级		统计标准	利用便利性范围
Ⅲ	较高	(均值,均值+0.5 标准差]	(0.392,0.463]
Ⅳ	高	(均值+0.5 标准差,最大值]	(0.463,0.750]

由图 6-31 可知,江苏省耕地资源的生产利用便利程度总体呈现与耕地规模状况及集聚状况相反的格局特征。利用便利指数 UCC 的最大值为 0.750,最小值为 0.009,均值为 0.392。全省耕地生产利用便利程度处于低、较低、较高、高等级的乡镇占比分别为 23.54%、24.62%、27.29% 和 24.55%,两极分化明显,地域差异较大。耕地生产利用便利程度介于 0.009~0.321,处于较低等级的乡镇共计 327 个,主要集中在镇江西部、南通南部、泰州北部及盐城大部分地区。其中镇江、南通、泰州及盐城市域范围内利用便利程度处于低等级的乡镇分别为 26、58、45 和 87 个,占比达 42.62%、40.00%、38.46 和 50.29%,区域农业基础设施建设较为滞后,生产利用便利程度较低;耕地生产利用便利程度介于 0.322~0.392,处于较低等级的乡镇共计 342 个,分布较为分散,主要分布在里下河平原及沿海平原等地区;耕地生产利用便利程度介于 0.393~0.463,处于较高等级的乡镇共计 379 个,相对集中分布在淮安东北部、南通东北部、徐州中东部地区;耕地生产利用便利程度介于 0.464~0.750,处于高等级的乡镇共计 341 个,多地处环太湖平原、宜溧低山丘陵和沿江平原,集中在无锡、南京北部、南通西部、连云港北部、宿迁东北部以及扬州大部分地区。其中,连云港、无锡及扬州市域范围

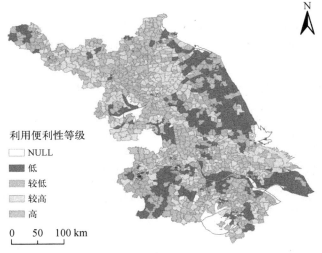

图 6-31　标准化后江苏省耕地细碎化利用便利性等级分布图

内耕地生产利用程度处于高等级的乡镇分别为 41、25 和 54 个,相应占比达 37.61%、32.89% 和 56.84%,区域农业基础设施配套完善,农业生产、经营利用的便利程度高。

6.3.4 耕地细碎化综合分析

在单指标评价与组合指标评价基础上,进一步分析江苏省土地细碎化的程度以及分布状况。综合考虑耕地资源规模性、空间集聚性、利用便利性,基于 ArcGIS 工具,用自然断点法将耕地细碎化程度分为 4 个等级(表 6-14),分别为 Ⅰ 类(0.256~0.377)、Ⅱ 类(0.378~0.408)、Ⅲ 类(0.409~0.440)和 Ⅳ 类(0.441~0.693)。类别越高(即数值越高)表明细碎化程度越严重。

表 6-14 耕地细碎化综合等级划分标准

等级		统计标准	资源规模性 范围	空间集聚性 范围	利用便利性 范围	耕地细碎化 范围
Ⅰ	低	[最小值,均值-0.5 标准差]	[0.180,0.584]	[0.266,0.690]	[0.009,0.321]	[0.256,0.377]
Ⅱ	较低	(均值-0.5 标准差,均值]	(0.584,0.633]	(0.690,0.732]	(0.321,0.392]	(0.377,0.408]
Ⅲ	较高	(均值,均值+0.5 标准差]	(0.633,0.681]	(0.732,0.774]	(0.392,0.463]	(0.408,0.440]
Ⅳ	高	(均值+0.5 标准差,最大值]	(0.681,0.934]	(0.774,0.959]	(0.463,0.750]	(0.440,0.693]

通过上述分析,江苏省土地细碎化整体分布状况如图 6-32 所示,在对资源规模属性、空间集聚属性及利用便利属性进行分项测度的基础上,集成测算江苏省耕地细碎化指数。通过测算,乡镇尺度下,江苏省耕地细碎化整体呈现由北向南逐渐加重趋势,耕地细碎化指数 CLFI 最大值为 0.693,最小值为 0.256,均值为 0.408,全省耕地细碎化地域分异规律显著(图 6-32)。从空间分布上看,江苏省耕地细碎化指数呈现从北到南逐渐增加的空间格局特征,表现为北部的低值聚集区和西南部的高值聚集区,这与江苏省由北至南逐级递增的经济发展格局基本一致。从各等级乡镇的数量结构看,处于低、较低、较高、高等级的乡镇占比分别为 31.22%、21.45%、15.98% 和 30.45%。

耕地细碎化指数 CLFI 介于 0.256~0.377,处于低等级的乡镇共计 446 个,集中分布于徐州、宿迁、连云港及淮安中部等地区,地形以平原为主,区域耕地规模性较好、空间分布集聚、细碎化程度低,农业生产的机械化、规模化、产业化经营优势明显;耕地细碎化指数 CLFI 介于 0.378~0.408,处于较低等级的乡镇共计 298 个,主要分布于淮安、扬州、泰州及盐城西北部等地区;耕地细碎化指数 CLFI 介于 0.409~0.440,处于较高等级的乡镇共计 222 个,空间分布相对分散,主要分布于常州、无锡、泰州南部、盐城中部、南通北部、苏州中部及镇江东部等地区;耕地细碎化指数 CLFI 介于 0.441~0.693,处于高等级的乡镇共计 423 个,集中分布于南京南部、镇江西南部、扬州西北部、宿迁南部、南通东南部以及苏州中东部等地区,地形以低山丘陵、沿海平原及环太湖平原为主,区域经济发展水平较高,但耕地分布较为分散、破碎,集聚性较弱,耕地规模性较低,细碎化程度较高,农业生产的规模化、机械化发展优势不足。

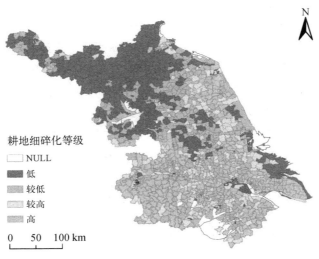

图 6-32 标准化后江苏省耕地细碎化综合评价等级分布图

7 江苏省耕地细碎化空间分异机制

耕地细碎化现象普遍存在于世界各国,尤其是发展中国家。作为中国传统农业发展过程中存在的突出问题,耕地细碎化现象在中国存在已久,并伴随社会经济的快速发展及城镇化、工业化进程的推进,中国的耕地细碎化呈现出不断加剧态势。作为一种复杂的社会现象,耕地细碎化是中国特殊的自然因素、经济因素、社会因素及政策制度等因素综合作用的结果。因此,定量探测耕地细碎化地域分异的主导因素及其作用机制,可为进一步认识区域耕地资源格局、因地制宜地改进耕地细碎治理方向提供有益借鉴,助力国家农业现代化战略实施。

7.1 耕地细碎化地域分异因素筛选

7.1.1 地域分异指标选取原则

1) 综合性原则。耕地细碎化的形成是受自然、社会、经济、土地分配等多方面因素综合作用的结果,其形成机制复杂,涉及要素众多。因此,耕地细碎化地域分异因素的选取必须遵循综合原则,在对已有定性研究成果进行系统梳理的基础上,全面、客观地选取影响因素;要求评价指标体系具有足够的涵盖面,能够将有关影响到耕地细碎化的主要因素都考虑在内,只有在对各因素进行综合分析的评价才是科学合理的。

2) 代表性原则。耕地细碎化的影响因素可用不同的指标直接或间接表示。代表性原则就是需从大量指标中选取最能体现对耕地细碎化影响的指标表征各类影响因素,同时避免指标的重叠与交叉。

3) 可操作性原则。耕地细碎化致碎因素的可操作性,即被选取的指标意义明确、可量化、易收集、人为因素的影响小。另外指标数量适当,无重复交叉,以此来提高评价的可信度。

4）可比性原则。可比性其内涵在各区域之间具有普适性,也就是各地的指标数据分值不同,但指标含义相同,便于对不同地区耕地细碎化的影响程度进行横向比较。

7.1.2 地域分异因素筛选

我国的耕地细碎化是在政策制度、社会经济、人地关系、地理环境等多种因素共同作用下形成的。因此,耕地细碎化的成因可归结为社会经济水平、生产生活条件、土地分配过程、自然环境特点及农业发展状况5个方面。

（1）社会经济水平

中国正处在城镇化加速发展时期,其土地利用变化所引发的景观格局变化强烈(李灿等,2013)。根据2014年土地利用变更调查数据,江苏省耕地总面积458.33×10⁴ hm²,占全省土地总面积的42.75%,按2014年统计,常住人口为7 960.06万,人均耕地面积仅0.057 hm²(0.86亩),逼近联合国粮农组织(FAO)确定的0.8亩警戒线。根据江苏省《"十三五"国土资源与保护利用规划》,2000～2014年,全省耕地面积年均减少约3.067×10⁴ hm²(46万亩);人均耕地面积从0.069 hm²(1.03亩)下降到0.057 hm²(0.86亩);同期内全省建设用地总面积从166.07 ×10⁴ hm²(2 491万亩)增加到225.13 ×10⁴ hm²(3 377万亩)。2013年江苏省建设用地规模为222.68 ×10⁴ hm²,提前7年突破《江苏省土地利用总体规划(2006—2020年)》确定的规划控制目标(222.36×10⁴ hm²),国土开发强度达到20.99%,居全国首位,建设用地供需矛盾突出。伴随着城镇化和工业化过程中建设用地快速扩张及现代化交通运输网络的构建与发展,湖泊、湿地、河流等生态用地空间受到一定程度的挤占,驱使城市用地结构变化在一定程度上造成耕地破碎化。

（2）生产生活条件

耕地与农村居民点及城镇的距离,在一定程度上影响农户对耕地资源的利用状况及经营方式。同时,受河流、交通网络等线状地物的空间阻隔限制,也在一定程度上造成耕地资源的细碎化格局。

（3）土地分配过程

中国传统社会采取的是"诸子平分"的继承制度。这种继承制度,导致了"家产分析,虽数万金,传历再世,愈析愈微"。在代代继承的过程中,家产(特别是地产)分割份数越来越多、份额越来越少(孙雁,2008)。早有研究认为继承制是形成耕地细碎化的主要原因,尤其在一些发展中国家尤为明显。受我国"多子多福"传统思想的影响,封建社会的"诸子平均继承制"使得土地每被继承一次就细分一次,使得大农化为中农,中农化为小农,土地变得零碎、分散。而且,在实行家庭联产承包责任制的今天,土地继承仍然存在,并致使土地变得更加细碎化。虽然在特定的历史阶段下,中国家庭联产承包责任制的推行对激发农户劳动热情、促进农业生产、消除农村饥饿与贫困、维护农村社会稳定、实现社会分配公平等发挥了积极作用,但其实践过程中依据土地质量好坏与地块离家远近搭配的土地分配机制,在一定程度上导致农户经营的土地进一步呈现出分散化、细碎化的特征。同时,耕地之间也存在着质量差异,因而在进行分配时不只是依据面积大小进行划分,质量、距离、环境等也会被纳入考虑范围,这就使得土地的分配和继承更加复杂。经历过多次分配后,每户农民拥有的耕地通常呈现出分散、细碎的特点。在当代,人多地少、资源匮乏的基本国情也使我国的人地关系异常紧张(表7-1)。

表 7 - 1　世界部分国家与人地关系分析(2014)

国　家	人口/亿	农业人口比例/%	耕地面积/万 hm²	人均耕地/hm²	农业经济人口人均耕地/(hm²/人)
世界	72.7	46.62	141 715	0.19	0.42
中国	13.64	46	13 516.3	0.08	0.22
日本	1.27	7	422.3	0.03	0.48
韩国	0.51	18	147.6	0.03	0.16
美国	3.19	19	15 460.5	0.48	2.55
法国	0.66	21	1 833.3	0.28	1.32
德国	0.81	25	1 187.1	0.15	0.59
加拿大	0.36	18	4 601.5	1.22	7.10
俄罗斯	1.44	26	12 312.2	0.86	3.29
英国	0.65	18	623.4	0.10	0.53
澳大利亚	0.23	11	4 695.7	2.04	18.56
印度	12.94	68	15 636.0	0.12	0.16

　　从表7-1中可以看出我国耕地面积居世界第三位,而人口位列世界之首,人地关系紧张。而我国农业人口占比接近一半,人地矛盾较其他国家更为严峻。中国用占世界9.54%的耕地,养活了全球18.76%的人口。相对于法国、英国及美国,我国不仅总人口多,而且农业比例大,人均拥有的土地面积少,农业经济人口人均占有的耕地面积仅高于印度和韩国。由于过高的农业人口比例和有限的农地资源决定了农户经营土地规模较小,而土地分配过程与耕地细碎化具有不可分割的联系。

　　(4)自然环境特点

　　由于我国地形地貌复杂多样,呈现出山地、高原、丘陵、盆地、平原等多元化形态,各类地形交错分布,也对耕地细碎化产生了重要影响。其中,地形条件是耕地细碎化形成的重要自然环境因素,尤其是在山区和丘陵地区,由于地形高低起伏不一,地形结构将土地分割成不规则且零散的地块,在一定程度上决定了耕地资源的分散分布。

（5）农业发展状况

以耕地细碎化为基础的农业生产,耕作效率较低,阻碍了我国农业现代化进程。而且由于耕作地块细碎,造成机械在不同地块间转移困难,抑制农业生产对先进机械的采用,在一定程度上导致农业生产规模和机械化的现实矛盾冲突问题。因此,为缓解耕地细碎化对农业生产的负面影响,中国政府一直关注并重视耕地细碎治理与空间格局优化工作。2017 年中央一号文件《中共中央、国务院关于深入推进农业供给侧结构性改革 加快培育农业农村发展新动能的若干意见》提出了"积极发展适度规模经营"的宏观战略部署,这标志着中国的农业农村发展已进入规模、集约、现代农业的转型发展新时期,针对部分规模农业优势明显的地区,加快现代化农业发展进程。因此,区域农业发展状况(如粮食生产能力、食物供给保障能力)也可在一定程度上受到区域耕地细碎状况的影响。

因此,基于对耕地细碎化影响因素的分析,本书从社会经济水平、土地分配过程、生产生活条件、自然环境特点及农业发展状况 5 个方面,选取土地利用程度、GDP 总量、二三产业贡献率、距农村居民点的距离、距城镇距离、距最近水系距离、平均斑块面积、人均耕地面积、耕地利用质量、DEM、地面坡度、粮食产量和食物供给保证共计 13 个指标分析江苏省耕地细碎化的地域分异机制。

7.2 耕地细碎化致碎分析方法

7.2.1 多元线性回归分析

多元线性回归分析(multivariable linear regression)(陈烨烽等,2017;刘彦随,2017)是研究多个变量间相互依存关系的一种数学方法。既可以建立严格的数学模型进行预测,也可以表达变量间的相互关系(Murayama et al., 2011)。本研究以耕地细碎化指数为因变量,以土地利用程度(x_1)、GDP 总量(x_2)、二三产业贡献率(x_3)、距农村居民点的距离(x_4)、距城镇距离(x_5)、距最近水系距离(x_6)、平均斑块面积(x_7)、人均耕地面积(x_8)、耕地利用质量(x_9)、平均 DEM(x_{10})、地面坡度(x_{11})、粮食产量(x_{12})和食物供给保证(x_{13})为自变量(表 7-2),以乡镇为研究单元,分析耕地细碎化与各自变量之间的统计学关系,从数量关系考虑各因素对耕地细碎化的影响;并利用多元回归分析方法进行共线性诊断,得到各因素与耕地细碎化的线性回归模型。多元线性回归方程的一般形式如下：

$$Y = \beta_0 + \beta_1 x_0 + \beta_2 x_2 + \beta_3 x_3 + \cdots + \beta_j x_j + \cdots + \beta_k x_k + u \qquad (7-1)$$

式中, k 为自变量的个数; β_j 为回归系数(regression coefficient); μ 为随机误差项。

表 7-2　耕地细碎化影响因子选择

影响因子类型	影 响 因 素	变 量 描 述
社会经济水平	土地利用程度	表证区域土地利综合状况
	GDP 总量	反映区域社会经济发展水平
	二三产业贡献率	表征区域产业结构状况
生产生活条件	距农村居民点的距离	反映对耕地进行耕作的生产便利程度
	距城镇距离	表征耕地资源的经营便利程度
	距最近水系距离	表征耕地到最近水系的距离
	平均斑块面积	表征耕地对机械化耕作的支撑程度
土地分配过程	人均耕地面积	表征耕地资源禀赋状况
	耕地利用质量	表征耕地资源的质量水平
自然环境特点	平均 DEM	表征区域地面起伏状况
	地面坡度	表征区域地面坡度状况
农业发展状况	粮食产量	表征区域农业发展状况
	食物供给保证	表征区域农业生产的价值水平

7.2.2　地理探测器模型

地理探测器是由中国科学院地理科学与资源研究所王劲峰空间分析小组开发的探寻地理空间分区因素对疾病风险影响机制的一种方法(王劲峰等, 2010)。其基本思想是依据"因子力"度量指标, 基于空间分异理论, 获得因子变量和结果变量的相关性, 通过将各类因子经过不同的离散分类处理方法, 结合GIS 空间叠加技术和集合论, 识别多因子之间的交互作用。地理探测器包括风险探测、因子探测、生态探测和交互探测 4 个部分内容。其中, 风险探测主要用于探索风险区域位置在哪里, 因子探测用于识别什么因素造成了风险, 生态探测主要解释风险因子的相对重要性如何, 交互探测可以解释影响因子是独立起作用还是具有交互作用。该方法的最大优势在于没有过多的假设条件, 可以有效克服传统统计分析方法处理类别变量的局限性。地理探测器最早应用于健康风险评估领域, 通过衡量疾病(如死亡率、发生率) 与可能的风险因子在空间分布上的一致性程度, 揭示了疾病与风险因子之间的关系(王劲峰等, 2010)。地理探测器模型既可以检验单变量的空间分异特征,也可以通过检验两个变量空间分布的一致性,来探测两变量之间可能的因果关系,在分析地理要素格局演变和地域空间分异等方面应用非常广泛(丁悦等,2014;通拉嘎等,2014;胡丹等,2014)。

借鉴地理探测器模型,本书引入耕地细碎化分异决定力指标 q。假定研究区域存在耕地细碎化 y,y 被采集在研究区域内,由采样单元 $i(i = 1, 2, \cdots, n$,n 为总采样单元数)组成的格点系统,假设 $A = \{A_h\}$ 是可能存在的一种影响耕地细碎化空间分异的因素,$h = 1, 2, \cdots, L,L$ 为因素分类数,A_h 代表因素 A 不同的类型。一个类型 h 对应空间上一个或多个子区域。为了探测因素 A 与耕地细碎化 y 的空间相关性,将耕地细碎化 y 图层与因素 A 图层叠置,在因素 A 的第 h 类型(对应一个或多子区域),y 的离散方差被记为 σ_h^2,因素 A 对耕地细碎化 y 的决定力大小为

$$q = 1 - \frac{1}{n\sigma^2} \sum_{h=1}^{L} n_h \sigma_h^2 = 1 - \frac{\text{SSW}}{\text{SST}} \qquad (7-2)$$

式中,n_h 为在因素 A 的类型 h(对应一个或多个子区域)内的样本数;n 为在整个研究区域 H 内的所有样本数,$n = \sum_{h=1}^{L} n_h$;L 为因素 A 的分类数;σ_h^2 与 σ^2 分别是类型 h 和全区的 Y 值的离散方差;SSW 和 SST 分别为层内方差之和(within sum of squares)和全区总方差(total sum of squares)。q 的值域为 $[0, 1]$,值越大说明 Y 的空间分异性越明显;如果分层是由自变量 x_i 生成的,则 q 值越大表示自变量 x_i 对属性 Y 的解释力越强,反之则越弱。极端情况下,q 值为 1 表明因子 x_i 完全控制 Y 的空间分布,q 值为 0 则表明因子 x_i 与 Y 没有任何关系,q 值表示 x_i 解释了 $100 \times q\%$ 的 Y。

因此,当各因素对耕地细碎化具有决定力时,每个类型(对应一个或多子区域)的离散方差 σ_h^2 会较小,类型(对应一个或多个子区域)之间的离散方差会较大,当离散方差 σ_h^2 趋近于 0 时,因素 A 的决定力 $q = 1$,代表耕地细碎化的发生分异完全由因素 A 决定的理想状态;当因素 A 的决定力 $q = 0$ 时,耕地细碎化随机分布,因素 A 对耕地细碎化发生分异没有影响,决定力 q 值越大,表明因素对耕地细碎化空间分异的影响越大。通过比较因素决定力 q 值的大小,探测出耕地细碎化地域分异的主导因素。

鉴于此,本书以乡镇级行政单位作为研究单元,在对自变量进行离散化处理的基础上,按照行政区划分层,利用地理探测器模型进行耕地细碎化地域分异机制的多级探测。

7.3 耕地细碎化地域分异机制解析

7.3.1 耕地细碎化影响因素地域分异特征

耕地细碎化致碎因素的定量测度是区域耕地细碎化空间分异机制识别的重要基础。综合运用地理空间分析、数理统计分析等方法,各影响因素的定量结果见图 7-1。

依据耕地细碎化影响因素的空间化特征,结合江苏省及苏北、苏中、苏南三大区域的平均状况(表 7-3),江苏省耕地细碎化各影响因素的空间差异显著,地域分异规律明显。本书通过测度区域不同土地利用方式下的利用面积占比,结合土地利用程度分级,得到区域土地利用综合程度(董洋洋,2012;庄大方等,1997)。作为衡量区域土地利用状况的综合性指标,土地利用程度越高说明区域内建设用地的比例越大,则对耕地的布局及形状都会产生一定程度的负面影响,耕地细碎化程度相对较高。通过测算,江苏省土地利用程度的平均值为 3.14,苏南、苏中、苏北分别为 3.16、3.12 和 3.15;同时,处于高等级的乡镇空间分布相对分散,主要分布于城市建成区的外围区域。GDP 与二三产业贡献率作为反映区域社会经济发展水平和产业结构状况的重要指标,在空间分布上呈现出相似的空间分异特征,两者的高值区主要集中在苏南地区,同时二三产业贡献率呈现出由南到北逐渐减小的空间分异特征。江苏省 GDP 平均值为 458 421.5 万元,苏北、苏中、苏南分别为 217 500.31 万元、373 912.79 万元和 1 005 071.72 万元,二三产业贡献率的全省平均值为 0.83,苏北、苏中、苏南分别为 0.74、0.90 和 0.95。江苏省及苏北、苏中、苏南三大区域的经济发展状况在一定程度上反映出江苏省社会经济发展的区域差异较大,地域发展失衡问题突出。耕地资源距城镇与农村居民点的距离在一定程度上反映了耕地受人为活动影响的干扰程度,对耕地细碎化产生重要影响。研究发现,耕地距城镇与农村居民点的距离呈现出由南到北逐渐增加的空间格局特征,处于高等级的乡镇主要集中在江苏的北部地区。距最近河流的距离反映了耕地受线状地物阻隔、分割的程度,江苏省耕地距最近河流的平均距离为 4 197.63 m,苏北、苏中、苏南分别为 3 984.86 m、5 192.36 m、3 602.00 m,全省耕地距最近河流的平均距离以处于低等级的乡镇为主,高等级的乡镇广泛分布于江苏省境内。耕地平均斑块面积地域分异规律明显,突出表现为北部的高值聚集区及南部的低值集聚区。全省平均耕地斑块面积为 0.94 hm²,苏北、苏中、苏南分别为 1.29 hm²、0.68 hm²、0.54 hm²,呈现出由

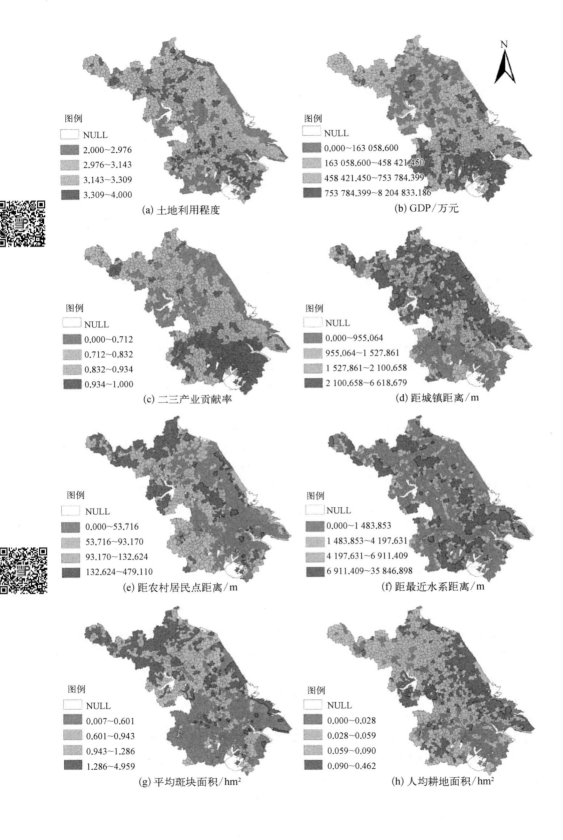

(a) 土地利用程度

图例
　NULL
　2.000~2.976
　2.976~3.143
　3.143~3.309
　3.309~4.000

(b) GDP/万元

图例
　NULL
　0.000~163 058.600
　163 058.600~458 421.450
　458 421.450~753 784.399
　753 784.399~8 204 833.186

(c) 二三产业贡献率

图例
　NULL
　0.000~0.712
　0.712~0.832
　0.832~0.934
　0.934~1.000

(d) 距城镇距离/m

图例
　NULL
　0.000~955.064
　955.064~1 527.861
　1 527.861~2 100.658
　2 100.658~6 618.679

(e) 距农村居民点距离/m

图例
　NULL
　0.000~53.716
　53.716~93.170
　93.170~132.624
　132.624~479.110

(f) 距最近水系距离/m

图例
　NULL
　0.000~1 483.853
　1 483.853~4 197.631
　4 197.631~6 911.409
　6 911.409~35 846.898

(g) 平均斑块面积/hm²

图例
　NULL
　0.007~0.601
　0.601~0.943
　0.943~1.286
　1.286~4.959

(h) 人均耕地面积/hm²

图例
　NULL
　0.000~0.028
　0.028~0.059
　0.059~0.090
　0.090~0.462

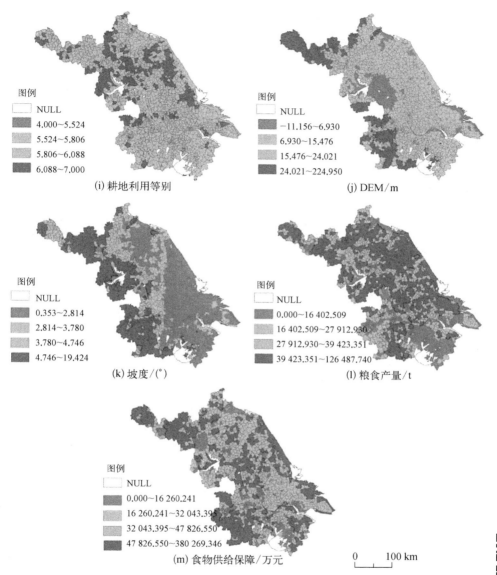

图 7 - 1 耕地细碎化影响因素空间分异特征

南到北逐渐增加的空间格局特征。人均耕地面积的高值区主要集中在江苏省的中部地区,全省人均耕地面积为 0.06 hm²,苏北、苏中、苏南分别为 0.07 hm²、0.06 hm²、0.03 hm²。全省平均耕地利用等别为 5.81 等,苏北、苏中、苏南分别为 6.00 等、5.73 等、5.51 等,苏南地区的耕地质量相对优越。平均 DEM 与地面坡度作为反映区域地形属性信息的基本要素,其高值区主要集中在西南低山丘陵和徐淮平原西部地区。粮食产量和食物供给价值能在一定程度上充分反映区域农业发展状况,在空间分布上苏中和苏北地区明显高于苏南地区。

表 7 - 3　江苏省域耕地细碎化影响因素平均状况

致碎因素	土地利用程度	GDP总量/万元	二三产业贡献率	生产便利性/m	经营便利性/m	距最近水系距离/m	平均斑块面积/hm²	人均耕地面积/hm²	耕地利用质量/等别	平均DEM/m	地面坡度/(°)	粮食产量/t	食物供给保证/万元
江苏省	3.14	458 421.5	0.83	93.17	1 527.86	4 192.63	0.94	0.06	5.81	15.48	3.78	27 912.93	32 043.40
苏北地区	3.15	217 500.31	0.74	111.55	1 932.88	3 984.86	1.29	0.07	6.00	16.25	4.11	35 080.27	33 582.23
苏中地区	3.12	373 912.79	0.90	77.41	1 608.46	5 192.36	0.68	0.06	5.73	9.80	2.87	27 573.63	29 664.00
苏南地区	3.16	1 005 071.72	0.95	73.86	670.87	3 602.00	0.54	0.03	5.51	19.71	4.07	14 527.82	31 495.70

7.3.2　地域分异主导因素分析

耕地资源格局作为一种空间数据具有空间依赖性的特点,其细碎化状况受社会经济发展水平、生产生活条件、土地分配过程、自然环境特点及农业发展状况等多种因素的交互影响。因此,本书从上述几个方面选取 13 项指标,对影响耕地细碎化地域分异机制的主导因素进行诊断。

首先,以耕地细碎化为因变量(Y),以土地利用程度(x_1)、GDP 总量(x_2)、二三产业贡献率(x_3)、距农村居民点的距离(x_4)、距城镇的距离(x_5)、距最近水系距离(x_6)、平均斑块面积(x_7)、人均耕地面积(x_8)、耕地利用质量(x_9)、平均 DEM(x_{10})、地面坡度(x_{11})、粮食产量(x_{12})和食物供给保证(x_{13})13 个影响因素为自变量,构建多元线性回归模型。假设每一地区的耕地细碎化及其影响因素遵循如下形式的生产函数:

$$Y = \beta_0 + \beta_1 x_0 + \beta_2 x_2 + \beta_3 x_3 + \cdots + \beta_j x_j + \cdots + \beta_k x_k + u \qquad (7-3)$$

式中,Y 为各乡镇的耕地细碎化指数;β_0 为常数项;k 为自变量的个数;β_j 为回归系数(regression coefficient);u 为服从正态分布的随机误差扰动项,代表其他可能会影响耕地细碎化但无法观测的因素,例如人类活动、气候特点、传统文化等。将 13 个指标全部纳入分析,结果仅 GDP 总量(x_2)、经营便利性(x_5)、人均耕地面积(x_8)和粮食产量(x_{12})4 个变量通过显著性检验,且调整后的 R^2 为 0.457,显著与预期不符。因此,为去除指数趋势,对因变量(Y)和 13 个自变量进行取对数处理,得到如下生产函数形式:

$$\ln Y = \beta_0 + \beta_1 \ln x_0 + \beta_2 \ln x_2 + \beta_3 \ln x_3 + \cdots + \beta_j \ln x_j + \cdots + \beta_k \ln x_k + u$$

$$(7-4)$$

在建立多元线性回归模型时,如果有两个或两个以上的自变量之间存在线性相关关系,就会产生多重共线性现象。在多重共线性现象较为严重的情况下,回归系数的估计值很容易引起误导或导致错误的结论。因此,在进行回归分析之前,可借助容许度(tolerance):$Tol_i = 1 - R_i^2$ 或方差膨胀因子(VIF):$VIF_i = 1/(1 - R_i^2)$,对变量之间的共线性进行检验,以降低驱动因子在回归过程中存在的多重共线性。Tol 的值越小,VIF 的值越大,自变量 x_i 与其他自变量之间存在共线性的可能性越大。当影响因子的 VIF 值大于 10 时,说明驱动因子间存在变量冗余,应剔除。对本书中所选取的 13 个驱动力因子进行容许度及方差膨胀因子(VIF)的检验结果见表 7-4。各驱动因子的 VIF 均小于 7.65,这表明因子之间基本不存在多重共线性或者共线性现象较弱。同时还需进行拟合优度检验、方程总体线性显著性检验和变量显著性检验等。

表 7-4　耕地细碎化影响因子多重共线性检验

影响因子类型	影响因素	共线性统计量	
		容差(tolerance)	方差膨胀因子(VIF)
社会经济水平	土地利用程度	0.397	2.517
	GDP 总量	0.278	3.650
	二三产业贡献率	0.610	1.639
生产生活条件	距农村居民点的距离	0.660	1.516
	距城镇的距离	0.371	2.698
	距最近水系距离	0.897	1.114
	平均斑块面积	0.613	1.632
土地分配过程	人均耕地面积	0.179	5.573
	耕地利用质量	0.856	1.169
自然环境特点	平均 DEM	0.572	1.748
	地面坡度	0.569	1.758
农业发展状况	粮食产量	0.188	5.332
	食物供给保证	0.131	7.645

对因变量(Y)和 13 个自变量进行取对数处理后建立多元线性回归模型,方程的拟合优度 R^2 为 0.650,调整后 R^2 为 0.646,并通过了总体性显著性 F 检验。在 t 检验中,土地利用程度(x_1)、距最近水系距离(x_6)、耕地利用质量(x_9)由于指标不显著,在建模的过程中剔除,其余指标均在 0.01 或 0.1 水平下显著。耕地细碎化影响因素的回归模型估计结果见表 7-5。

表 7 - 5   多元线性回归模型估计结果

维　　度	影响因素	非标准化系数 （B）	标准误差 （Std. Error）	标准化系数 （Beta）	t 值	Sigma
社会经济水平	GDP 总量(x_2)	0.036 * * *	0.006	0.264	6.534	0.000
	二三产业贡献率(x_3)	0.073 * * *	0.012	0.313	6.329	0.000
生产生活条件	距农村居民点的 距离(x_4)	-0.019 * * *	0.004	-0.110	-4.384	0.000
	距城镇的距离(x_5)	-0.019 * * *	0.004	-0.163	-4.885	0.000
	平均斑块面积(x_7)	-0.136 * * *	0.006	-0.619	-24.345	0.000
土地分配过程	人均耕地面积(x_8)	0.028 * * *	0.004	-0.086	6.335	0.000
自然环境特点	平均 DEM(x_{10})	0.016 * * *	0.005	0.072	2.879	0.004
	地面坡度(x_{11})	0.029 * * *	0.009	0.164	3.276	0.001
农业发展状况	粮食产量(x_{12})	-0.008 *	0.004	-0.083	-1.862	0.063
	食物供给保证(x_{13})	-0.034 * * *	0.006	0.250	-5.677	0.000
	常数项	-0.669 * * *	0.067		-9.957	0.000

注：* * *、* *、*分别表示在 0.01、0.05 和 0.1 水平上显著。

回归分析发现，除食物供给保证(x_{13})与耕地细碎化的显著性水平在 0.1 水平上，其他影响因素与耕地细碎化的显著性水平均在 0.01 水平上。通过多元线性回归模型得到如下最优模型：

$$\ln Y = -0.669 + 0.036\ln x_2 + 0.073\ln x_3 - 0.019 \ln x_4 - 0.019\ln x_5 - 0.136\ln x_7 + 0.028\ln x_8 + 0.016\ln x_{10} + 0.029\ln x_{11} - 0.008 \ln x_{12} - 0.034\ln x_{13} \tag{7-5}$$

式中，回归系数较大的致碎因素分别为平均斑块面积(x_7)、二三产业贡献率(x_3)、GDP 总量(x_2)、食物供给保证(x_{13})和地面坡度(x_{11})。

根据地理探测器模型，将土地利用程度(x_1)、GDP 总量(x_2)、二三产业贡献率(x_3)、距农村居民点的距离(x_4)、距城镇的距离(x_5)、距最近水系距离(x_6)、平均斑块面积(x_7)、人均耕地面积(x_8)、耕地利用质量(x_9)、平均 DEM(x_{10})、地面坡度(x_{11})、粮食产量(x_{12})和食物供给保证(x_{13})13 项指标，分别与耕地细碎化进行空间探测分析，计算得到每个致碎因素对耕地细碎化的决定力 q，其值分别为：0.067、0.133、0.204、0.084、0.032、0.011、0.472、0.059、0.039、0.017、0.097、0.129、0.016。可见，平均斑块面积(x_7)、二三产业贡献率(x_3)、GDP 总量(x_2)、地面坡度(x_{11})等对耕地细碎化的影响较大。

综合多元线性回归模型与地理探测器结果，将 13 项致碎因素对耕地细碎化的影响程度及排序状况进行统计（表 7 - 6）进行交叉验证耕地细碎化致碎因素的空间探测结果。从表 7 - 6 中表征指标重要性回归标准化系数 Beta 的统计结果来看,按照指标对耕地细碎化影响程度排序,依次为平均斑块面积、二三产业贡献率、GDP 总量、食物供给保证、地面坡度、距农村居民点的距离、人均耕地面积……与指标决定力 q 的探测结果进行对照,对耕地细碎化影响最大的指标整体上没有明显差异,尤其是对耕地细碎化影响程度排名前 6 的指标。这表明平均斑块面积、二三产业贡献率、GDP 总量、地面坡度、农业生产状况、距城镇的距离等是影响江苏省耕地细碎化地域分异的主导因素。

表 7 - 6 耕地细碎化致碎因素统计表

致碎因素	土地利用程度 x_1	GDP总量 x_2	二三产业贡献率 x_3	距农村居民点的距离 x_4	距城镇的距离 x_5	距最近水系距离 x_6	平均斑块面积 x_7
标准化数（Beta）	—	0.264	0.313	−0.11	−0.163	—	−0.619
标准化系数排名	—	3	2	10	6	—	1
决定力(q)	0.067	0.133	0.204	0.032	0.084	0.011	0.472
决定力排名	7	3	2	10	6	13	1

致碎因素	人均耕地面积 x_8	耕地利用质量 x_9	平均 DEM x_{10}	地面坡度 x_{11}	粮食产量 x_{12}	食物供给保证 x_{13}
标准化数（Beta）	−0.086	—	0.072	0.164	−0.083	0.25
标准化系数排名	7	—	9	5	8	4
决定力(q)	0.059	0.039	0.017	0.097	0.129	0.016
决定力排名	8	9	11	5	4	12

注:表中的排名按绝对值大小排序。

7.3.3 地域分异机制解析

通过综合诊断得出了影响耕地细碎化地域分异的主导因素,进一步分析各主导因素对耕地细碎化分异的作用机制,为实现因地制宜地推进耕地细碎化治理提供参考依据。

1)平均斑块面积,是反映区域耕地资源对规模化、机械化农业发展支撑程度的重要指标,亦能在一定程度上表征区域的生产条件及状况。通常状况下,耕地的平均斑块面积越大,区域推进规模化、机械化农业发展的适宜程度越高,耕地细碎化相对较轻。从图 7 - 1(g)中可以看出,江苏省耕地平均斑块面积呈现出由南到北逐渐增加的空间格局特征,突出表现为北部的高值聚集区及南部的低值集聚区。图 6-29、6-30 中江苏省耕地资源规模性、空间集聚性均呈现出由南至北逐渐增加的空间格局特征,而耕地细碎化综合指数则呈现出由南至北逐渐减小的地域分异规律。这说明耕地资源的平均斑块面积与耕地资源规模水平与空间集聚程度的空间分布规律具有一致性,而与耕地细碎化指数则呈现出相反的格局特征。尤其是江苏北部的徐淮平原地区,耕地资源的平均斑块面积较大,耕地资源禀赋优越,规模农业、现代农业发展水平较高,耕地细碎化程度较低;而西南部的宁镇扬及宜溧低山丘陵地区,耕地平均斑块面积较低,耕地细碎化程度明显较高。

2) 二三产业贡献率,是反映区域产业结构状况的重要指标。在地域空间分布上,江苏省二三产业贡献率呈现出南高北低的特点[图 7-1(c)],而耕地细碎化指数也呈现出由南至北逐渐降低的空间分异特征(图 6-32),即二三产业贡献率越高的区域,其耕地细碎化指数越高,反之耕地细碎化指数越低。江苏省南部地区的二三产业贡献率较高,工业及现代服务业对经济发展的贡献突出,是现代化建设的先行示范区。区域内建设用地供需矛盾突出,城镇建设用地规模扩展迅速,建设占用对耕地资源的侵占作用明显,耕地细碎化程度较高。苏北地区是江苏省经济后发展地区,区域经济发展水平较低,相较苏中和苏南地区,第一产业仍在苏北地区的经济发展中占据一定比例,是江苏省保障区域粮食安全的重要"粮仓",规模农业、机械农业水平较高,耕地细碎化水平较低。

3) GDP 总量,是反映区域经济发展水平的重要指标。江苏省的社会经济发展状况总体呈现由北到南逐渐增加的空间格局特征[图 7-1(b)]。综合而言,GDP 总量与二三产业贡献率呈现出相似的空间分布格局,苏南明显高于苏中和苏北地区,区域经济发展不平衡问题突出。与此同时,江苏省的耕地资源的规模性及空间集聚性则呈现出与 GDP 相反的空间格局特征,这表明,区域社会经济发展水平越高,耕地资源的规模性越低,空间集聚性越低,耕地细碎化综合指数越高。

4) 农业生产状况,粮食产量和食物供给价值在一定程度上反映了区域的农业发展状况和农业生产的价值水平。综合而言,苏中和苏北地区的粮食产量及食物供给价值高于苏南地区,呈现出北高南低的特点。而在地域空间分布上,江苏省耕地细碎化综合指数呈现出与农业发展状况相反的特征,苏中和苏北地区的耕地细碎化指数明显低于苏南地区。这说明区域农业发展水平越高,规模农业、现代农业等发展状况良好,耕地细碎化程度越轻。

5) 地面坡度,是反映区域地形地貌特征的重要指标,是影响农业生产结构与方式的重要条件,坡度越平缓越适宜农作物的生长,对耕地资源的空间分隔作用越弱。从图 7-1(k)可以看出,江苏省地面坡度呈现出显著的空间连片性特征,西部地区的地面坡度明显高于中部和东部地区,尤其是西南低山丘陵、里下河平原西部、徐淮平原的西部,区域地面坡度较大,一定程度上对耕地资源的空间分隔作用较明显,致使区域耕地细碎化程度相对较高。

6) 距城镇距离,是反映耕地资源区位条件的重要指标,耕地资源距城镇的距离越小,受到城镇建设占用、基础设施建设分割的可能性较大,反之较小。从图 7-1(d)中可以看出,江苏省耕地资源距城镇的距离呈现出由北至南逐渐减小的空间分异特征,而耕地细碎化综合指数呈现出与之相反的地域分异规律。这说明,耕地资源距城镇的距离越小,耕地细碎化指数越高;耕地资源距城镇的距离越大,耕地细碎化指数越小。

8 江苏省耕地细碎化类型分区

8.1 分区背景

8.1.1 分区目标

在明确乡镇尺度下耕地细碎化空间分异特征的基础上,划分整治引导分区是进一步促进土地整治科学、合理实施的有效手段,有利于指导省域土地整治活动的科学宏观决策,并为全面、深入、有序开展土地整治工作提供有效支撑。具体分区目标包括以下两点。

(1)明确省域耕地细碎化类型分区的空间分布特征

综合考虑研究单元在江苏全省(地区)的相对地理区位、地貌特征、农业特点、社会经济发展阶段,以及在耕地细碎化问题形成的主要因素等方面的共性与相似性,划分耕地细碎化类型分区,明确各类型区空间分布特征及行政区划覆盖范围,为推进土地整治合理有效开展提供基础依据。

(2)明确不同细碎化类型分区的土地整治方向及重点

在明确不同细碎化类型分区耕地分布特征、空间格局的基础上,总结影响区域农业发展的核心因素;依据区域资源特点、区位特征等因素,分析不同类型分区土地整治的重点方向及需要解决的核心问题,提出区域土地整治实施保障措施等,以期有效指导区域土地整治开展。

8.1.2 分区意义

(1)有利于强化生态保护

党的十八大做出了"大力推进生态文明建设"的战略决策,首次把"美丽中国"作为未来生态文明建设的宏伟目标,把生态文明建设摆在"五位一体"总布局的战略高度。十八届五中全会提出了创新、协调、绿色、开放、共享五大发展理念。国土资源是生态系统的重要组成部分,是绿色发展的物质基础和重要载体,在生态文明建设中处于基础和自然主体地位。因此在国土资源利用中强调生态保护的理念,助推生态文明建设(夏国刚,2016)。

近年来,江苏省土地生态环境问题依然存在。因此,强化土地生态环境保护与建设、建立生态环境友好型土地利用战略是基本对策和措施。生态友好型土地利用战略通过对土地资源采取生态友善化的开发利用方式和措施,强化生态保护,建设资源友好型社会,保障土地资源生态安全和可持续发展(刘彦随,2007)。

(2)有利于维护农业安全

耕地保护一直是我国的基本国策,粮食安全是社会发展的最基本保障。党中央、国务院高度重视耕地保护工作,并提出坚持最严格地耕地保护制度。国土资源部2014年发布《关于强化管控落实最严格耕地保护制度的通知》(国土资发〔2014〕18号)要求各地贯彻落实最严格耕地保护制度,保障农业安全。

近年来,江苏省耕地非农化现象明显,为了贯彻落实最严格耕地保护制度,必须坚持严格耕地保护、维护农业安全的土地利用战略。江苏省应严格控制建设占用耕地、全面推进土地综合整治,提高耕地和基本农田的开发利用水平,通过对具有相同特征的耕地进行细碎化类型分区,实行区域差异化的土地整治策略,保护一定数量和质量的耕地,稳定全省农业综合生产能力。

(3)有利于节约集约用地

节约集约用地,一是节约用地,是指各项建设都要尽量节省用地,想方设法地不占或少占耕地;二是集约用地,每宗建设用地必须提高投入产出的强度,提高土地利用的集约化程度;三是通过整合、置换和储备,合理安排土地投放的数量和节奏,改善建设用地结构、布局,挖掘用地潜力,提高土地配置和利用效率(孙文盛,2005)。2014年国土资源部发布国土资源部第61号令《节约集约利用土地规定》,实行最严格的节约集约用地制度,提升土地资源对经济社会发展的承载能力。

江苏省土地利用中的后备资源不足。根据江苏省耕地后备资源调查结果分析,2016~2020年全省耕地后备资源总量为12.17万 hm²,而且耕地后备资源主要集中在沿海滩涂区域,滩涂围垦开发具有难度大、成本高、形成高产稳产耕地周期长的特点,耕地后备资源支撑省域可持续发展的能力不容乐观。在土地资源开发利用方面,2014年全省人均城镇工矿用地面积为152 m²,人均农村居民点面积为394 m²,远超国家120 m²和140 m²控制面积的标准,城乡用地结构不合理,农村建设用地比例偏大。此外,城镇化和工业化过程中建设用地快速扩张,湖泊、湿地、河流等生态用地空间受到一定程度挤占。因此,必须严格执行节约集约用地的土地发展战略,结合耕地细碎化类型分区,从节约用地、集约用地、整合优化用地三方面入手,明确不同类型分区的土地整治重点方向及关键问题,促进区域土地资源的节约集约利用。

8.2 分区原则与方法

8.2.1 分区原则

耕地细碎化类型分区是反映耕地细碎化整治途径和利用方向地域差异的基础。为全面、客观、综合地反映区域耕地细碎化状况,本书提出以下分区原则,对江苏省耕地细碎化类型进行划分。

(1)相似性与差异性相结合

受社会经济发展水平、土地用结构与方式、自然条件的区域差异等因素综合影响,不同区域的耕地资源特征与细碎化状况存在显著差异,进而对指导区域耕地细碎治理方向及重点解决问题产生显著差异影响。因此,耕地细碎化类型分区研究既需反映同一类型区内耕地资源在自然本底特征、土地利用现状等方面的共性,找出区内土地整治需求(即相似性);亦需对不同类型分区内耕地资源的格局特征与细碎状况加以区分(即差异性),实现同一类型区内各单元差异的最小化和不同区域之间差异的最大化,明确不同类型区间土地整治的不同侧重点,因地制宜地指导区域耕地细碎治理实践操作。

(2)综合分析与主导因素相结合

土地资源利用构成复杂,即使在同一整治区内其土地整治方向的确定也是在自然、社会、经济多种复杂要素共同作用下确定的。因此,要明确其本质需求、鉴别区域之间的差异性,必须从多个维度选取指标进行多因素的综合分析。但是,随着我国统计技术的不断发展以及理论研究的进步,不同研究因其研究的目的、对象、方法的不同,选取的指标也大不相同,各指标对类型分区形成产生的作用也有大小之分,在进行土地细碎化整治分区研究时不可能将全部指标收集分析,而在整体、全面考虑各维度的同时应该选取影响整治分区的主要因素,形成主次分明、重点突出的空间类型分异。

(3)细碎特征与致碎因素相结合

区域耕地资源在自然本底状况、空间分布格局及利用便利程度等方面的细碎特征可为因地制宜地识别区域耕地资源问题提供有力支撑,是明确耕地细碎治理方向及重点的基础。而社会经济发展水平、生产生活条件、土地分配过程、自然环境特点及农业发展状况等致碎因素的区域差异可进一步明确耕地细碎化的地域分异机制。因此,探讨耕地细碎特征与致碎因素相结合的区域耕地细碎分区体系,可为识别耕地资源问题、明晰致碎机理、改进细碎治理方向提供有益借鉴。

(4)耕地细碎类型划分的相对完整性原则

耕地细碎类型划分的目的是在充分体现同类型区域内耕地资源利用特征相对一致性的基础上,为因地制宜地实施耕地细碎治理提供科学依据。土地整治作为破解现代化建设进程中土地利用问题的政策工具,尤其是在耕地细碎治理方面,土地整治被视为一种有效方式并取得了显著成效,在国际上已有较多的研究成果和成功案例。现阶段,农用地(耕地)仍是中国土地整治实施的主要对象,通过高标准农田建设,土地整治对改善农业生产条件、提高耕地质量、促进规模经营等发挥了积极作用,对提升区域农业生产能力、稳定粮食生产格局、保障国家粮食安全等具有重要意义。作为减轻耕地细碎化程度的有效方式,土地整治项目在当前的组织与实施的过程中主要以地方政府为主导,一般不打破行政界限。因此,为促进耕地细碎治理工作的有效组织与实施,耕地细碎类型的划分应在充分凸显区域特征的基础上,要适当考虑地域划分的行政边界完整性。

8.2.2　常用分区方法

常用的分区方法主要分为定性研究和定量研究两类。定性研究是从宏观方面整体把握基于细碎化特征的细碎整理分区方向,主要包括特尔菲法、叠图法;定量研究是在分析理论数据的基础上从微观方向确定土地整治分区类型,主要包括系统聚类方法、GIS 空间分析法等。

(1)德尔菲法

德尔菲法又称专家调查法或专家咨询法,是根据研究区域的地形地貌、土壤水文、土地利用状况建立评价指标,采取互不交流的方式收集专家小组成员的意见,经过反复征询使专家意见趋于统一,得出最终结果的方法。在耕地细碎类型划分的过程中,需要通过收集、整理研究区土地利用方面的各种资料,依据项目区域的地形地貌、土壤、气候和土地利用状况等,凭借相关专家在土地利用研究方面积累的大量经验,对各个分区单元土地、农业、林业等方面的土地情况进行比较分析,从而提出耕地细碎化类型划分的分区意见。德尔菲法是一种比较常见的预测方法,对于大量无法定量的因素能够做出比较合理的概率估算,但其研究结果完全依赖于专家小组的个人知识水平和经验积累,主观性较大,分区结果会因专家小组的不同而改变,缺乏一定的科学性,研究结果的推广性较弱。

(2)叠图法

叠图法又称专题图叠加法,是将研究区域内的土地利用现状图、土地利用规划图、整治潜力图、功能区划图、保护区图等整治图件转化成同一比例尺,叠加后统一区域界线,分析得出重叠多的部分和重叠较少或不重叠的部分,根据细碎化类型划分原则划分整治区域,对重叠较少或不重叠的部分结合当地的实际情况和发展需求进行取舍。这种方法便捷、可操作性强,充分利用了前人的研究成果,适用于基础资料较为全面的地区,由于整治区的划分主观性较强,一般与其他分区方法合并使用,此种方法是一种自上而下的类型分区方法,通常运用在类型分区的基础研究中。

（3）系统聚类方法

系统聚类方法顾名思义就是将系统内相似的对象组成不同大类的过程,这种方法充分体现了同类对象间的相似性和不同类对象的相异性。该方法比较适用于没有分类经验的事物的归类,对于一些没有分类标准的事物,分类过程容易变得随意,分类结果也容易变得主观,通过制定比较完善的分类变量,就可以通过聚类分析得到较为科学合理的分区方案。同时,聚类分析法作为一种具有探索性的分析方法,它还能够处理多个变量决定的分类,土地整治分区过程中需要考虑自然、社会、经济、资源等众多因素,根据这些因素,通过聚类分析法能够清晰地测算不同区域类型归属的距离统计量,通过计算结果对区域进行归纳分类。耕地细碎化类型分区的系统聚类方法是指将研究区域所在地理位置、自然条件、经济状况、土地利用现状和社会发展需求等情况细化为指标,运用主成分分析法确定各指标权重,确定分区单元后运用 SPSS、SAS、DPS 等统计分析软件进行聚类分析,以此为依据进行土地分区研究。常用的聚类分析方法有系统聚类法、分解法、加入法、动态聚类法和模糊聚类法。

（4）GIS 空间分析法

GIS 空间分析方法是利用 Map GIS、Arc GIS 等地理信息系统提取研究区域信息,将区域信息整合分析形成新的基础数据层,在新生成的数据层结合区域特点运用各种算法完成整治分区工作。基于 GIS 的土地整治分区方法不仅操作简便,分区结果的科学性也相对较强。

8.2.3　耕地细碎化类型分区方法

区域耕地资源禀赋特征、空间分布状况、生产利用属性特征等的差异性客观上形成了不同类型的细碎化类型分区。同时,社会经济发展水平、自然环境特点、土地利用方式与结构、生产生活条件等的区域差异也在一定程度促使耕地细碎化的成因千差万别,致使不同细碎特征及致碎机理导向下的耕地利用特征及细碎整治途径存在显著差异。因此,本书按照"区内同质性、区间异质性"的原则,基于对不同区域耕地资源在自然属性、空间属性、便利属性及致碎因素等方面的量化分析,结合江苏省特殊的资源环境特点,采用三维魔方分区(张瑞娟等,2015;郑荣宝等,2009;朱高儒等,2009)和地理探测器模型(叶妍君等,2018;武鹏等,2018;王劲峰等,2017;湛东升等,2015;丁悦等,2014)划分江苏省耕地细碎化类型分区。

为充分反映耕地细碎化在不同属性特征方面的空间组合特点,对因地制宜的指导以解决细碎化为重点的土地整治提供支撑,本书采用三维魔方图解法(magic cube)进行耕地细碎化空间分异类型区划分。三维魔方图解法的基本思想是要素在三维空间中形成不同特征组合的空间单元,各要素在空间中有确切的位置反映,能够有效评判各要素在不同内涵属性上的优势及"短板",具有直观、准确、可视性强等特点,已广泛应用于土地利用地域单元类型区划分等领域。因此,本节中借助其基本思想,将三维魔方图解法应用于耕地细碎化地域类型的划分,通过构建三维魔方空间,将各类属性特征指数进行分级,根据数据特征合理确定维度节点与分级等别,明确节点属性值,最后将耕地细碎化分维特征进行组合归类,最终形成三维魔方空间。

（1）三维魔方空间构建

基于不同属性特征下耕地细碎化的评价结果,构建耕地细碎化类型分区的概念模型(图 8-1),将资源规模性(x)、空间集聚性(y)和利用便利性(z)分别

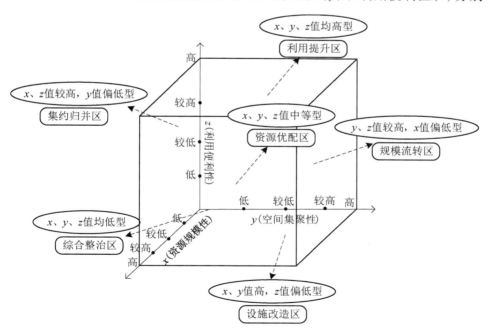

图 8-1　耕地细碎化内涵属性的三维魔方空间及分区概念模型

由高到低划分为高、较高、较低和低4个等级,并采用三维空间坐标轴表示,基于不同组合方式,划分出以下情形。

1)x、y、z值均高型。区域内耕地资源的规模性、空间集聚性、利用便利性均较高,具备规模农业与现代农业发展的资源、设施条件支撑,应以促进规模农业与现代农业发展为导向,通过应用科学技术提高区域耕地资源利用效率,属于利用提升区。

2)x、y值高,z值偏低型。区域耕地资源在资源规模性、空间集聚性等方面具有较大优势,但在基础设施配置、地块通达性等方面存在一定不足。应重点关注区域内农业基础设施的配套建设,增强区域农业生产便利性,属于设施改造区。

3)x、z值较高,y值偏低型。区域耕地资源在资源规模性、利用便利性等方面具有较大优势,具备较好的农业生产条件,但在空间集聚性方面存在一定不足,突出表现为耕地空间分布分散、破碎。严重制约农业经营规模化的推行。因此,针对此类型分区,应重点关注区域耕地资源的空间结构优化,加强高标准农田建设。同时结合农村建设用地整理,统筹规划,促进区域内耕地资源的集中连片分布,属于集约归并区。

4)y、z值较高,x值偏低型。区域内耕地资源的空间集聚性、利用便利性较高,但在耕地资源的规模性方面存在一定不足,突出表现为耕地斑块面积较小而数量较多,不利于规模化农业发展。因此,针对此类区域,在遵循农户意愿的基础上,按照"自愿协商、等量交换、等质替代"等原则,对破碎田块进行市场化流转和土地权属调整,使农户分散经营的耕地集中分布;同时结合农村建设用地整理,对低效利用、废弃闲置、布局散乱无序的居民点用地进行集中连片土地整理复垦,复垦后的土地用于基本农田建设及现代农业发展,促进区域内农民居住集中化、农业生产规模化,属于规模流转区。

5)x、y、z值中等型。区域内耕地资源的规模性、空间集聚性、利用便利性均处于中等水平,耕地细碎化现象较严重。土地整治中,该区应针对不同区域的耕地资源条件、空间分布状况、基础设施完善程度及农业生产特点等,"因地制宜、扬长补短",实施差别化土地整治,推进区域资源要素优化配置,属于资源优配区。

6)x、y、z值均低型。区域内耕地资源的规模性、空间集聚性、利用便利性均较低,突出表现为该区低产耕地面积大,平均耕地斑块面积小,规模性差,空间分布零散、细碎,耕地细碎化现象严重。耕地细碎整治过程中,该区应注重对区域耕地、水系、道路、居民点等生产要素的全域规划、综合整治,属于综合整治区。

(2)维度节点数确定与魔方组合

参照龙花楼等(2012)的研究,根据不同属性值的统计特征,将资源规模性、空间集聚性、利用便利性得分由高到低划分为高、较高、较低和低 4 个等级(表 8-1),按照节点距离三维空间原点的远近赋属性值 1~4。属性值越大,距离原点越远,对应的耕地细碎化内涵属性测度值越高。

表 8-1 耕地细碎化不同属性特征的等级划分标准

等 级		统 计 标 准	资源规模性范围	空间集聚性范围	利用便利性范围
I	低	[最小值,均值-0.5 标准差]	[0.180,0.535]	[0.266,0.690]	[0.009,0.342]
II	较低	(均值-0.5 标准差,均值]	(0.535,0.633]	(0.690,0.732]	(0.342,0.392]
III	较高	(均值,均值+0.5 标准差]	(0.633,0.682]	(0.732,0.774]	(0.392,0.443]
IV	高	(均值+0.5 标准差,最大值]	(0.682,0.934]	(0.774,0.959]	(0.443,0.750]

根据表 8-1 中确定的耕地细碎化等级标准,形成一个 4×4×4 的三维四阶魔方,得到 64 种属性组合类型,每一个三维空间单元都是对耕地细碎化优势属性及"短板"属性的直观反映。根据耕地细碎化不同内涵属性的层次组合特征,通过咨询相关专家意见,运用指标判读法对其进行组合归并。分区标准见表 8-2。

表 8-2 耕地细碎化类型分区标准

类型分区	魔方单元组合
利用提升区	(4,4,4)(4,4,3)(4,3,4)(4,3,3)(3,4,3)(3,4,4)(3,3,4)(3,33)
集约归并区	(4,1,4)(4,2,4)(4,1,3)(3,2,3)(3,2,4)(3,1,4)(3,1,3)(4,2,3)(2,1,4)(4,1,2)(4,2,2)(2,2,4)
设施改造区	(4,4,1)(4,4,2)(4,3,1)(4,3,2)(3,4,1)(3,4,2)(3,3,1)(3,3,2)(4,2,1)(2,4,1)
规模流转区	(1,4,4)(1,4,3)(1,3,4)(1,3,3)(2,4,4)(2,4,3)(2,3,4)(2,3,3)(1,2,4)(1,4,2)(2,4,2)
资源优配区	(3,1,2)(3,2,1)(2,1,3)(2,3,1)(1,2,3)(1,3,2)(2,2,3)(3,2,2)(2,3,2)
综合整治区	(1,1,1)(1,1,2)(1,2,1)(1,2,2)(2,1,2)(2,2,1)(2,1,1)(2,2,2)(1,1,3)(1,1,4)(1,3,1)(1,4,1)(3,1,1)(4,1,1)

8.3 分 区 结 果

8.3.1 耕地细碎化致碎类型

在现实中,耕地细碎化地域分异是一种或者多种因素综合作用的结果。在定量测度耕地细碎化致碎因素的基础上,明确江苏省耕地细碎化的致碎类型,有利于在耕地资源的致碎源头上遏制耕地细碎化的演变趋势。因此,在明确省域耕地细碎化致碎主导因素的基础上,按照行政区划图层,在县级市尺度利用地理探测器进行多级探测,并运用 SPSS 19.0 软件对探测结果进行 K-Means 均值聚类,将样本组合为 4 类。根据各类致碎因子对区域耕地细碎化影响的决定力 q 及致碎特征将江苏省划分为社会经济致碎型、生产生活条件致碎型、自然条件致碎型、多因素联合致碎型 4 类。各致碎类型内致碎因子的基本特征及决定力见表 8-3,江苏省耕地细碎化致碎类型划分见图 8-2。

表 8-3 耕地细碎化各致碎因子决定力分布

| 分 类 | 社会经济水平 | | 生产生活条件 | | | 土地分配过程 | 自然环境特点 | | 农业发展状况 | | 致碎类型 |
	GDP总量/万元	距农村居民点距离/m	距城镇距离/m	经营便利性	平均斑块面积/hm²	人均耕地面积/hm²	平均DEM/m	地面坡度/(°)	粮食产量/t	食物供给保证/万元	
1(49)	0.152	0.147	0.424	0.382	0.449	0.148	0.144	0.128	0.164	0.105	生产生活致碎型
平均决定力(q)	0.150		0.418			0.148	0.136		0.135		
2(39)	0.487	0.537	0.328	0.302	0.443	0.316	0.359	0.363	0.363	0.37	社会经济致碎型
平均决定力(q)	0.512		0.358			0.316	0.361		0.367		
3(9)	0.753	0.713	0.674	0.759	0.785	0.796	0.678	0.691	0.792	0.789	多因素联合致碎型
平均决定力(q)	0.733		0.739			0.796	0.685		0.791		
4(14)	0.46	0.274	0.393	0.378	0.368	0.35	0.611	0.624	0.229	0.249	自然条件致碎型
平均决定力(q)	0.367		0.380			0.35	0.618		0.239		

1) 社会经济致碎型。区域耕地细碎化受基础设施建设、产业结构特点等社会经济因素的影响较大。包括 39 个县级市,主要分布于南京中部、镇江、苏州、徐州北部等地区,区域地貌类型以低山丘陵、环太湖平原和徐淮平原为主。社会经济发展水平对耕地细碎化影响的平均决定力 q 为 0.512,显著高于生产生活条件、土地分配过程、自然环境特点及农业发展状况等对耕地细碎化的影响。这说明,社会经济因素对该区域耕地细碎化具有显著影响。区域社会经济发展水平较高,尤其是南京、镇江、苏州等苏南地区,基础设施建设完善、现代化建设水平高、城镇建设用地规模扩张迅速,是江苏省经济发展的先行地区和中国工业化与城市化发展的前沿地区。与此同时,快速的城镇化进程在促进社会经济发展、提高人民生活质量的同时,也在一定程度上造成建设用地空间急剧扩张、耕地资源锐减等问题;同时,城镇基础设施的建设对耕地资源的侵占、分割作用日益突出,

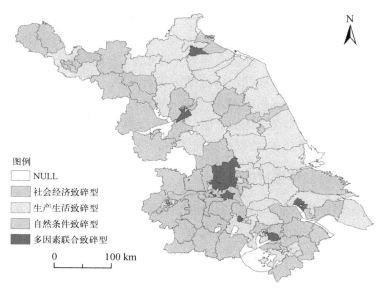

图 8-2 江苏省耕地细碎化致碎类型

如高铁、高速公路等。因此,社会经济发展对耕地资源的侵占、分割、阻隔等是构成该区域耕地细碎化的主导因素。

2)生产生活致碎型。受耕地距农村居民点的距离、距城镇距离及平均斑块面积等生产生活因素影响较大。包括 49 个县级市,是江苏省耕地细碎化的主要致碎类型。集中分布在江苏的中部及东部沿海地区,如泰州、南通中西部、盐城南部和北部、淮安东部、宿迁东部、连云港等,区域地貌类型以平原为主,耕地资源丰富,空间分布集聚,农业生产优势明显,是全省稻、麦、棉、蔬菜等的重要商品生产基地。但区域内农村居民点空间分布散乱,呈现出与耕地零散、插花分布的空间格局特点,在一定程度上造成对耕地资源的空间分隔效应。同时,耕地资源的平均斑块面积相对较小,在一定程度上也阻碍了规模农业、机械化农业的发展。区域内耕地距农村居民点的距离、距城镇距离及平均斑块面积对耕地细碎化影响的决定力分别为 0.424、0.382 和 0.449,显著高于社会经济发展水平、土地分配过程、自然环境特点及农业发展状况等因素对耕地细碎化的影响,生产生活条件是构成该区域耕地细碎化地域分异的主导因素。

3)自然条件致碎型。受海拔、地面坡度等自然因素的影响较大,包括 14 个县级市,主要分布于南京南部和北部、常州南部、无锡南部、淮安南部、徐州中部等地区。区域地貌类型以低山丘陵和平原为主,地形起伏变化较大,区域内地形地貌因素的差异明显,农业种植方式及结构均受到一定制约。该区域内 DEM 与地面坡度对耕地细碎化影响的决定力分别为 0.611、0.624,显著高于社会经济发展水平、土地分配过程、生产生活条件及农业发展状况等因素对耕地细碎化的影响。因此,自然因素成为该区域内耕地细碎化地域分异的主要原因。

4)多因素联合致碎型。受社会经济发展水平、土地分配过程、生产生活条件、自然环境条件及农业发展状况等因素的综合影响。多因素联合致碎型包括9个县级市,主要分布于扬州东南部、南通、淮安、连云港等地区,从地域空间分布上看,主要分布于城市建成区的外围,各致碎因素对区域耕地细碎化影响的决定力均较高,致碎因素众多,致碎机制较复杂。

8.3.2 耕地细碎化特征分区

基于耕地细碎化特征划分细碎化整治引导分区是开展以破解耕地细碎化为重点的土地整治重点区域划定、主要类型设置、关键问题识别等的重要支撑。在对耕地细碎化各分项属性测度的基础上,基于不同区域耕地细碎化属性特征的层次组合特点,将江苏省划分为利用提升区、集约归并区、设施改造区、规模流转区、资源优配区、综合整治区六类耕地细碎化整治引导分区(图8-3)。各分区耕地细碎化特征、主要整治方向及重点建设内容见表8-4。

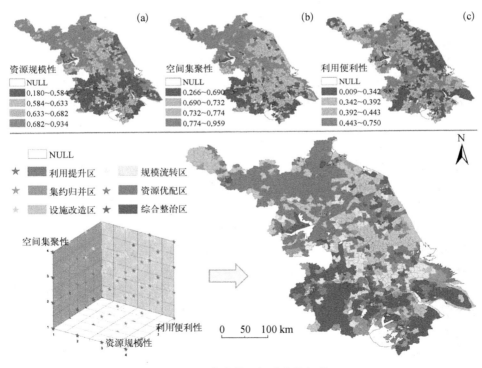

图 8-3 江苏省耕地细碎化特征分区

表8-4 江苏省土地整治引导分区与整治策略

土地整治引导类型区	空间范围	区域特点与细碎化类型特征	土地整治重点及细碎化整治策略
利用提升区	徐州中东部、宿迁、淮安、连云港等	以黄泛平原为主,耕地资源丰富,规模条件较好,空间分布集聚,基础设施配套完善,农业生产便利	提升耕地资源利用效率,注重农业生产技术创新,加快推进农业现代化进程
集约归并区	苏州中西部、无锡中西部等	以平原为主,耕地资源丰富,基础设施建设较完善,耕地斑块分割程度高,空间布局分散、破碎	注重耕地资源空间整合,促进区域耕地资源集中连片分布与集约高效利用
设施改造区	徐州西部、宿迁中部、连云港东部、泰州北部及盐城等	耕地资源丰富,规模条件较好,空间分布集聚,基础设施建设较滞后,地块规整性与通达性不足	完善农业基础设施建设,提高区域农业基础设施水平和农业耕作便利程度
规模流转区	扬州东南部、泰州南部、南通西北部、盐城西部等	耕地分布较集聚,农业基础设施配备较完善,耕地斑块面积较小而数量较多,资源规模性不足	推进农地适度规模经营,对破碎田块进行市场化流转和土地权属调整,优化耕地景观格局、降低耕地破碎度
资源优配区	西南宁镇山地、苏南沿江、苏中及苏北内陆部分乡镇	耕地资源规模性、空间集聚性及生产利用便利性均处于中等水平,耕地细碎化现象较严重	因地制宜、扬长补短,实施差别化土地整治,推进区域资源要素优化配置
综合整治区	南京、镇江中西部、无锡、扬州西南部、苏州东部及南通南部等	地貌类型复杂多样,耕地斑块面积小,规模性差,空间分布零散、细碎,耕地细碎化现象严重	注重对区域耕地、水系、道路、居民点等生产要素的全域规划、综合整治

1) 利用提升区。包含344个乡镇,主要分布于徐州中东部、宿迁、淮安、连云港等地区,区内地貌类型以黄泛平原为主,总面积$2.60×10^4$ km²,占全省土地面积的24.71%。该区自然资源优越,耕地资源丰富,规模条件较好,空间分布集聚,农业基础设施配套完善,农业生产便利,细碎化程度最低,在推进农业规模化、机械化、产业化方面优势明显。土地整治中,该区应以提升耕地资源利用效率为重点,加强高标准农田和商品粮基地建设,注重农业生产技术创新,提高农业耕作效率,按照基地化、标准化、优质化、市场化原则加快农业现代化进程,促进规模农业和现代农业发展。

2) 集约归并区。包括146个乡镇,主要分布于苏州中西部、无锡中西部等地区,区内地貌类型以平原为主,总面积$0.82×10^4$ km²,占全省土地面积的7.83%。该区社会经济发展水平较高,耕地资源丰富,农业基础设施建设较完善,资源规模性、利用便利性等方面具有较高优势,但耕地斑块分割程度高,空间布局分散、破碎,不利于农业生产专业化、组织化和产业化发展。基于此,该区在土地整治过程中应注重耕地资源的空间整合,通过归并空间相对集中的耕地、减少田埂数量、合并细碎地块、优化农村居民点空间布局等途径,促进区域耕地资源的集中连片分布与集约高效利用。

3)设施改造区。包括 303 个乡镇,主要分布于徐州西部、宿迁中部、连云港东部、泰州北部及盐城等地区,区内地貌类型以平原为主,总面积 $2.34 \times 10^4 \text{ km}^2$,占全省土地面积的 22.22%。该区耕地资源丰富,规模条件较好,空间分布集聚,是全省稻、麦、棉、蔬菜等的重要商品生产基地。但在农业耕作便利性方面有进一步提升的空间,主要表现为农业基础设施建设较滞后、地块规整性与通达性不足等。土地整治中,该区应以完善农业基础设施建设为重点,通过增辟灌溉水源、兴修灌排设施、完善道路交通设施建设、加强农田防护等途径,提高区域农业基础设施水平和农业耕作便利程度,为农业生产的集中规模经营创造条件。

4)规模流转区。包括 115 个乡镇,主要位于沿江平原附近,集中分布在扬州东南部、泰州南部、南通西北部、盐城西部等地区,总面积 $0.94 \times 10^4 \text{ km}^2$,占全省土地面积的 8.93%。该区耕地分布较集聚,农业基础设施配备较完善,但在资源规模性方面存在一定不足,突出表现为耕地斑块面积较小而数量较多,不利于规模化农业发展。土地整治中,该区应以推进农地适度规模经营、提高耕作生产效率为重点。针对区域空间布局分散、面积较小的耕地斑块,在遵循农户意愿的基础上,按照"自愿协商、等量交换、等质替代"等原则,通过对破碎田块进行市场化流转和土地权属调整,使农户分散经营的耕地集中分布,既有利于耕地集中经营管理,增强土地整治过程中的公众参与机制,也是优化耕地景观格局、降低耕地破碎度的有效途径。

5)资源优配区。包括 159 个乡镇,广泛分布于西南宁镇山地、苏南沿江、苏中及苏北内陆部分乡镇。总面积 $1.03 \times 10^4 \text{ km}^2$,占全省土地面积的 9.81%。该区耕地资源规模性、空间集聚性及生产利用便利性等均处于中等水平,耕地细碎化现象较严重,且地形地貌条件、自然资源禀赋、社会经济发展水平等的不同导致区域耕地细碎化的属性组合特征存在差异。在土地整治中,该区应针对不同区域的耕地资源条件、空间分布状况、基础设施完善程度及农业生产特点等,"因地制宜、扬长补短",实施差别化土地整治,推进区域资源要素优化配置。在平原地区,土地整治应以扩大耕地规模、提升耕地规模效益为导向,重点解决耕地资源规模较小、空间布局分散等问题,为规模化、机械化农业发展创造条件;在低山丘陵地区,土地整治应以提高耕地产出效率为重点,通过完善区域农业基础设施建设,增强耕地利用便利程度,提高耕地利用效率。

6)综合整治区。包括 322 个乡镇,主要位于西南低山丘陵、东南沿海平原及南部环太湖平原附近,集中分布在南京、镇江中西部、无锡、扬州西南部、苏州东部及南通南部等地区,总面积 2.26×10^4 km²,占全省土地面积的 21.46%。区内地貌类型复杂多样,低山、丘陵、岗地、平原和洼地交错分布,社会经济发展水平较高。受地形地貌类型多样、河流水系阻隔、社会经济发展不均等因素综合影响,该区低产耕地面积大,平均耕地斑块面积小,规模性差,空间分布零散、细碎,耕地细碎化现象严重。在土地整治中,该区应注重对区域耕地、水系、道路、居民点等生产要素的全域规划、综合整治。针对区域地形高低起伏不一、地貌类型复杂多样的现实困境,可根据地形条件和耕作要求,将需整治区域划分为形状较为规整的耕作田块,以耕作田块作为平整单元,通过在同一平整单元内挖高填低、整平废弃沟渠与田埂等措施,使空间相邻但规模大小不一、形状不规整且高低不平的地块整理为一块或少数几块平整且形状规则的地块,扩大耕地经营规模,满足区域灌溉排水和机械化耕作需求;加强为促进耕地资源有效利用而配套的农业基础设施建设,合理规划道路、沟渠等空间布局,完善灌溉排水设施、道路交通设施、农田防护设施等建设,提高生产利用便利程度;针对区域内空间布局分散、无序的农村居民点,开展农村建设用地整理,通过对其空间结构和布局实施整治与改造,并配合公共基础设施建设,促进区域农民居住集中化,实现耕地集中连片分布和土地节约集约利用。

8.3.3　耕地细碎治理精细引导分区体系

人多地少的资源禀赋条件,以及远近交叉、肥瘦搭配的土地均分方式等形成了中国长期的耕地细碎化格局。耕地资源作为人类从事农业生产活动的物质基础,兼具自然、社会、人文等多重属性特征,其资源规模差异、空间分布格局、生产利用状况等的高低错位分布,客观上形成了差异化的耕地细碎化属性组合特征。同时,社会经济发展水平、土地分配过程、生产生活条件、自然环境条件及农业发展状况等的区域差异也对耕地细碎化的影响存在显著差异,致使形成了不同的耕地细碎化致碎类型。土地整治作为减轻耕地细碎化的有效方式,应在明确区域耕地细碎化致碎机制的基础上,综合考虑耕地资源的自然属性、空间属性及利用属性等空间分异特征,因地制宜、精准施策,确定差异化的耕地细碎化治理途径。因此,在明确区域耕地细碎化空间分异机制和特征的基础上,探索"特征—成因"综合作用下的精细引导分区方法,可为新时期土地整治以及促进社会经济发展、保障粮食安全、推进生态文明建设提供有益借鉴。

本书在对耕地细碎化的致碎机制和空间分异特征进行分析的基础上,结合新时期以促进农业改造提质、推进集约规模经营、加快现代化农业发展为重点的土地整治时代要求,综合应用三维魔方分区、聚类分析、定性评判等方法,形成了新时期江苏省耕地细碎治理引导分区方案(图 8-4),并在县级市尺度对不同耕地致碎类型下的耕地细碎特征分区状况进行统计(见附录),以期为因地制宜地开展土地整治提供参考。

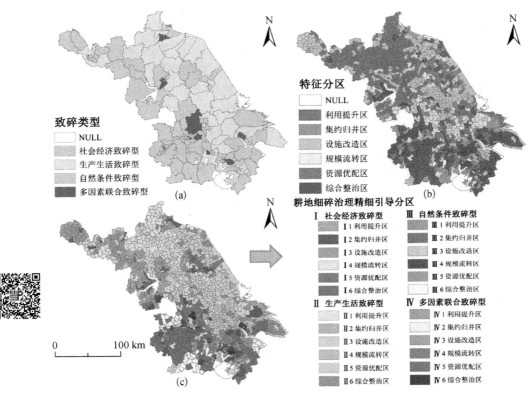

图 8-4 江苏省耕地细碎治理精细引导分区方案

9 项目区尺度耕地土地细碎化分析

9.1 数据处理与权重确定

9.1.1 数据来源与处理

2017 年 6 月至 2017 年 8 月,课题组分 4 组(分别对应 4 个行政村),对项目区进行了实地调研,搜集相关数据资料,包括项目建设资料、土地权属资料、社会经济资料和实地调研资料,具体包括:① 项目建设资料,包括项目规划设计报告、竣工验收报告、项目现状图(1:5 000)、项目规划图(1:5 000)、项目竣工验收图(1:2 000)、遥感影像图(IKONOS)等;② 土地权属资料,包括土地变更调查资料[第二次全国土地调查(简称"二调")更新成果]、土地确权资料(鱼鳞图,1:500)等;③ 社会经济资料,包括所在乡镇和行政村的人口、经济统计资料;④ 实地调查资料,包括无人机航拍、农户访谈、问卷调查等。

土地整治前后的土地权属及承包经营情况均以村级土地确权资料(鱼鳞图)为底图,邀请村主任和了解村情的老人逐一确定,并对每村随机抽取 10 户进行入户调查,以确保基础数据的准确性。在对调研资料上图入库时,以土地变更调查为基础,结合遥感影像、无人机航片、鱼鳞图与实地调研手绘图件成果,在 ArcGIS 中对各农户拥有的所有田地进行数字化,并添加相应的权属字段,分别得到耕作地块图层和土地权属图层;根据从村主任和农户处调研所获得的"种粮大户"、家庭农场、专业公司及农业合作社信息,经过叠加套合,得到规模经营图层。通过村组户籍统计资料,配合宅基地位置图,确定各户宅基地坐落。最终得到本书分析所需的基础数据。通过专家咨询,针对各指标含义及其对规模化、集约化农业生产经营的影响,采用隶属度函数对各指标进行分级(刘晶等,2017),相应取值区间见表 9-1。

表 9 - 1　耕地细碎化等级划分标准

等级	统 计 标 准	资源细碎化	权属细碎化	利用(经营)细碎化
轻度	(Min,Mean-0.5·Sd]	(0.02,0.41]	(0.06,0.22]	(0.20,0.72]
较轻	(Mean-0.5·Sd,Mean]	(0.41,0.43]	(0.22,0.24]	(0.72,0.81]
一般	(Mean,Mean+0.5·Sd]	(0.43,0.45]	(0.24,0.26]	(0.81,0.90]
严重	(Mean+0.5·Sd,Max]	(0.45,0.68]	(0.26,0.63]	(0.90,0.92]

9.1.2　权重确定

为了克服主观赋权法的主观随意性及客观赋权法对评价数据过分依赖等问题,在采用极差标准化方法对各评价指标进行标准化处理的基础上,借助层次分析法与熵权法相结合的组合赋权法确定各评价指标权重(两种赋权方法各占50%),权重确定结果见表 9 - 2(龙花楼等,2012;倪九派等,2009)。

表 9 - 2　耕地细碎化评价指标

维　度	指　标	组合权重
资源细碎化	地块形状指数	0.171
	地块面积	0.379
	距最近灌溉设施距离	0.215
	距最近道路距离	0.235
权属细碎化	斑块数量	0.192
	平均斑块面积	0.213
	面积变异系数	0.101
	最近耕作距离	0.247
	累计耕作距离	0.247
利用(经营)细碎化	地块分散度	0.095
	沟渠密度	0.139
	道路密度	0.142
	规模经营比例	0.278
	土地流转比例	0.278
	斑块大小变异系数	0.068

9.2　基于苏南典型项目的分析

9.2.1　项目区概况

9.2.1.1　太仓市概况

太仓市位于江苏省东南部,长江口南岸,隶属于苏州市。地处北纬 31°20′~

31°45′、东经 120°58′~121°20′,全市总面积 809.93 km²,其中水域面积 143.97 km²,陆地面积 665.96 km²,总人口 48.30 万。太仓东濒长江,与崇明区隔江相望,南邻上海市宝山区、嘉定区,西连昆山市,北接常熟市。太仓港地处长江三角洲核心区,长江入海口南岸,位于长江经济带和 21 世纪海上丝绸之路交汇点,区位优势十分明显,是"上海国际航运中心重要组成部分、集装箱干线港和江海联运中转枢纽港"。

太仓属长江三角洲冲积平原,全境地势平坦,自东北向西南略呈倾斜。东部为沿江平原,西部为低洼圩区。地面高程东部 3.5~5.8 m(以吴淞为基准零点),西部 2.4~3.8 m。太仓市处于北亚热带南部湿润气候区,四季分明,雨量充沛。冬季受北方冷高压控制,以少雨寒冷天气为主;夏季受副热带高压控制,天气炎热;春秋季是季风交替时期,天气冷暖多变,干湿相间。太仓市年平均气温 17.2℃,多年平均降水量 1 132.4 mm,日照 2 217.2 h,无霜期 224 d。境内生态环境优越,光、热、水基本同季,适于农业综合发展。

太仓市域土地总面积 809.93 km²,占江苏省土地总面积的 0.74%。农用地面积为 351.84 km²,占全市土地总面积的 43.44%。其中耕地面积 257.21 km²,占全市土地总面积的 31.76%;园地面积 19.25 km²,占全市土地总面积的 2.38%;建设用地 235.04 km²,占全市土地总面积的 29.02%;其他土地 223.05 km²,占全市土地总面积的 27.54%。太仓市物产资源丰富,品种繁多。近年来,全市累计建成高标准农田面积 222.14 km²,农业综合机械化水平达 86.6%,重点发展以粮油、蔬菜、林果、特种水产为主导的都市高效特色生态农业。

太仓市经济发展在江苏省处于上游水平,稳居全国中小城市综合实力百强县市前十位,吸引了大批德资企业入驻,拥有德资企业 230 多家,项目总投资约 30 亿美元,年产值近 300 亿元,成为德企集聚度最高、发展效益最好的地区之一,享有中国"德企之乡"的美誉。2016 年,太仓市经济社会保持平稳健康发展的良好态势,实现了"十三五"良好开局,全年完成地区生产总值 1 155.13 亿元,实现公共财政预算收入 127.71 亿元。近年来,太仓市城乡建设和环境保护强势推进,城市总体规划重大修改、土地利用总体规划调整完善等工作启动,城市环境综合整治接续 42 项整治任务完成,人居环境不断提升。2016 年全市人均地区生产总值 162 523 元,农业总产值 69.48 亿元,全年城镇居民人均可支配收入 54 099 元,农村居民人均可支配收入 27 766 元。

9.2.1.2 项目区概况

"太仓市城厢镇电站村等村省以上投资土地整治项目"是江苏省 2013 年度

第二批省以上土地整治项目《苏财建(2013)420 号》。该项目区位于太仓市城厢镇,地处北纬 31°23′~31°30′、东经 121°02′~121°08′,涉及电站村、新农村和胜泾村 3 个行政村,分为两个片区,电站片位于城厢镇西北部的电站村,新农片位于城厢镇南部的新农村和胜泾村。项目建设规模 431.824 2 hm²。项目区位置示意见图 9-1、9-2。

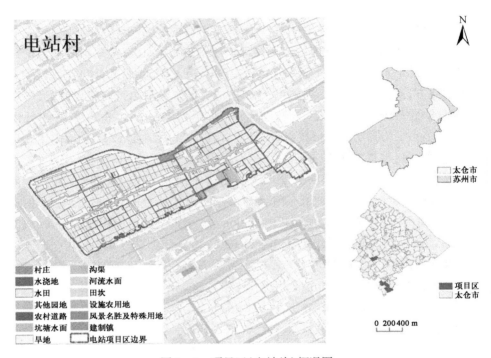

图 9-1　项目区(电站片)概况图

项目区地势平坦,自东向西、自北向南略有倾斜,大部分为海拔 1.0~3.0 m 的低平田和平田。项目区所在地区地处中纬度,属北亚热带南部季风气候区,四季分明,气候温和,雨水充沛,无霜期较长,日照充足。年平均温度 15.5℃,年平均降水量 1 087.3 mm,平均无霜期 226 d。项目区春季(3~5 月)冷暖交替,阴湿多雨,日照不足,气温回升缓慢;夏季(6~8 月)梅雨明显,酷热天气不多,间有伏旱,日照充裕,七八月间和初秋有台风影响;秋季(9~11 月)秋旱和连阴雨相间出现,冷空气活动日趋频繁;冬季(12~翌年 2 月)雨雪较少,严寒期短。

项目区一般土层比较深厚,土壤质地适中,土壤保肥性能好、肥力高,pH 为中性,氮、磷、钾含量处于中等水平。耕地质量较好,土壤有机质平均含量为

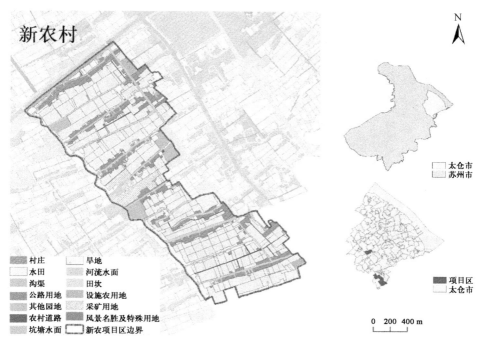

图 9-2 项目区(新农片)概况图

1.04%~2.56%。项目区的土壤以潴育型水稻土为主,部分土壤为潜育型水稻土,主体构型为 W-Ap2-G 或 Ai-Ap2-Be-Br 型。近年来,由于重用轻养,土地生产力有所下降。根据第二次土壤普查评级结果,高产农田只占耕地的47%,而中产及低产农田分别占耕地的 40.9% 和 12.1%。项目区部分地块由于地势低洼,容易受内涝危害,且农田基础设施不健全,投入产出比较大,经营水平较低。

项目区以种植业为主,常年种植水稻、小麦粮食作物和芋艿、毛豆等经济作物。项目区整治前水稻平均产量为 550 kg/亩,小麦平均产量为300 kg/亩。

9.2.2 整治前后耕地细碎化变化

经统计,项目区共有耕地 554.73 hm², 涉及农户 898 户,共有 1912 个地块图斑,其中有 1093 个地块经过了流转。其中,电站片有地块图斑 800 个,478 户,地块全部流转(图 9-3);新农片有地块图斑 1112 个,420 户,有 232 个地块已流转(图 9-4)。

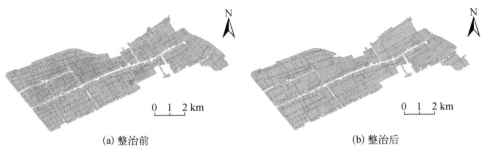

(a) 整治前   (b) 整治后

图 9 - 3 土地整治前后项目区(电站片)田块变化图

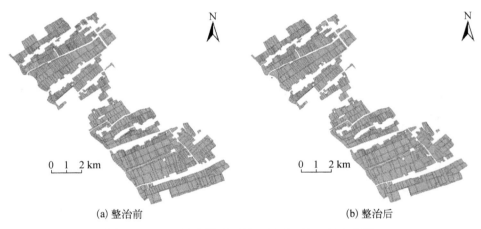

(a) 整治前   (b) 整治后

图 9 - 4 土地整治前后项目区(新农片)田块变化图

9.2.2.1 指标统计分析

根据表 9 - 2 确定的指标体系,通过计算得到电站片土地整治前后各项指标值,相关指标值的统计描述见表 9 - 3 和 9 - 4。电站片土地整治前后地块形状指数标准差变化最大,由 1.65 变化到 2.72;土地整治前后地块规模(单位:m^2)最大值、最小值、中位数、平均数和标准差均变化明显,由 16 551.83、0.03、1 644.11、2 436.82、2 316.38 变化为 71 678.77、57.44、3 223.10、6 793.90、9 240.80;土地整治前后距最近灌溉设施的距离(单位:m)最大值、最小值、中位数、平均数和标准差均变化明显,分别由 250.32、0.07、23.73、31.46、32.26 变化为 128.62、0.25、21.74、25.30、19.19;土地整治前后距离最近道路的距离(单位:m)最大值、最小值、中位数、平均数和标准差变化明显,分别由 229.85、0.32、34.49、40.09、28.94 变化为 150.03、0.24、28.99、32.43、24.51。电站片斑块数量、平均斑块规模、面积变异系数、最近耕作距离、流转比率、设施农用地比率、经济作物比率、机械化比率由于土地整治前后未涉及耕地地块权属调整,故相应指标值无变化。

表9-3 整治前指标值统计描述表(电站片)

序号	指 标	统计描述				
		最大值	最小值	中位数	平均数	标准差
1	地块形状指数	47.53	1.55	1.82	2.14	1.65
2	地块规模/m²	16 551.83	0.03	1 644.11	2 436.82	2 316.38
3	距最近灌溉设施的距离/m	250.32	0.07	23.73	31.46	32.26
4	距离最近道路的距离/m	229.85	0.32	34.49	40.09	28.94
5	斑块数量	6	1	1	1.69	0.86
6	平均斑块规模	14 509.99	57.47	1 858.17	2 436.87	2 038.41
7	面积变异系数	4.49	0.004	0.66	0.75	0.65
8	最近耕作距离	616.83	0	188.60	199.88	137.41
9	流转比率(权属层面)	100	100	100	100	0
10	设施农用地比率	0	0	0	0	0
11	经济作物比率	100	0	0	2.73	14.44
12	机械化比率	100	0	100	99.54	6.51
13	地块分散度	—	—	—	—	—
14	沟渠密度	—	—	—	—	—
15	道路密度	—	—	—	—	—
16	规模经营比例	—	—	—	—	—
17	转比例(利用与经营层面)	—	—	—	—	—
18	平均形状指数	—	—	—	—	—
19	斑块大小变异系数	—	—	—	—	—
20	斑块面积标准差	—	—	—	—	—
21	Shannon均匀度指数	—	—	—	—	—
22	面积加权形状指数	—	—	—	—	—
23	面积加权分维数	—	—	—	—	—

表9-4 整治后指标值统计描述表(电站片)

序号	指 标	统计描述				
		最大值	最小值	中位数	平均数	标准差
1	地块形状指数	47.53	1.55	1.84	2.00	2.72
2	地块规模/m²	71 678.77	57.44	3 223.10	6 793.90	9 240.80
3	距最近灌溉设施的距离/m	128.62	0.25	21.74	25.30	19.19
4	距离最近道路的距离/m	150.03	0.24	28.99	32.43	24.51
5	斑块数量	6	1	1	1.69	0.86
6	平均斑块规模	14 509.99	57.47	1 858.17	2 436.87	2 038.41
7	面积变异系数	4.49	0.004	0.66	0.75	0.65

序号	指 标	统计描述				
		最大值	最小值	中位数	平均数	标准差
8	最近耕作距离	616.83	0	188.60	199.88	137.41
9	流转比率(权属层面)	100	100	100	100	0
10	设施农用地比率	0	0	0	0	0
11	经济作物比率	100	0	0	2.73	14.44
12	机械化比率	100	0	100	99.54	6.51
13	地块分散度	—	—	—	—	—
14	沟渠密度	—	—	—	—	—
15	道路密度	—	—	—	—	—
16	规模经营比例	—	—	—	—	—
17	转比例(利用与经营层面)	—	—	—	—	—
18	平均形状指数	—	—	—	—	—
19	斑块大小变异系数	—	—	—	—	—
20	斑块面积标准差	—	—	—	—	—
21	Shannon 均匀度指数	—	—	—	—	—
22	面积加权形状指数	—	—	—	—	—
23	面积加权分维数	—	—	—	—	—

新农片土地整治前后相关指标值的统计描述见表 9-5 和 9-6。新农片土地整治前后地块形状指数最小值、中位数、平均数和标准差存在变化,分别由 1.55、1.86、2.00、0.44 变化到 1.52、1.88、1.96、0.49;土地整治前后地块规模中位数、平均数和标准差变化明显,由 1 012.78、1 616.00、1 757.61 变化为 1 409.67、2 256.55、2 290.35;土地整治前后距最近灌溉设施的距离最大值、最小值、中位数、平均数和标准差均变化明显,分别由 273.54、1.13、38.54、47.38、36.72 变化为 236.82、0.12、29.34、34.38、27.34;土地整治前后距最近道路的距离最大值、最小值、中位数、平均数和标准差变化明显,分别由 346.33、0.41、46.11、62.44、58.11 变化为 317.54、0.09、32.01、46.18、46.59。新农片斑块数量、平均斑块规模、面积变异系数、最近耕作距离、流转比率、设施农用地比率、经济作物比率、机械化比率由于土地整治前后未涉及耕地地块权属调整,故相应指标值无变化。

表 9-5 整治前指标值统计描述表(新农片)

序号	指 标	统计描述				
		最大值	最小值	中位数	平均数	标准差
1	地块形状指数	9.54	1.55	1.86	2.00	0.44
2	地块规模/m^2	17 018.57	42.41	1 012.78	1 616.00	1 757.61

续 表

序号	指 标	统计描述				
		最大值	最小值	中位数	平均数	标准差
3	距最近灌溉设施的距离/m	273.54	1.13	38.54	47.38	36.72
4	距离最近道路的距离/m	346.33	0.41	46.11	62.44	58.11
5	斑块数量	9	1	3	3.13	1.50
6	平均斑块规模	5 014.59	91.20	1 255.36	1 411.97	830.33
7	面积变异系数	5.30	0	0.66	0.76	0.65
8	最近耕作距离	238.52	0	3.96	27.56	46.10
9	流转比率(权属层面)	100	0	0	19.00	0.28
10	设施农用地比率	100	0	0	1.00	10.00
11	经济作物比率	100	0	0	15.00	25.00
12	机械化比率	100	0	100	98.00	10.00
13	地块分散度	—	—	—	—	—
14	沟渠密度	—	—	—	—	—
15	道路密度	—	—	—	—	—
16	规模经营比例	—	—	—	—	—
17	转比例(利用与经营层面)	—	—	—	—	—
18	平均形状指数	—	—	—	—	—
19	斑块大小变异系数	—	—	—	—	—
20	斑块面积标准差	—	—	—	—	—
21	Shannon 均匀度指数	—	—	—	—	—
22	面积加权形状指数	—	—	—	—	—
23	面积加权分维数	—	—	—	—	—

表 9-6 整治后指标值统计描述表(新农片)

序号	指 标	统计描述				
		最大值	最小值	中位数	平均数	标准差
1	地块形状指数	9.54	1.52	1.88	1.96	0.49
2	地块规模/m²	17 018.57	42.41	1 409.67	2 256.55	2 290.35
3	距最近灌溉设施的距离/m	236.82	0.12	29.34	34.38	27.34
4	距离最近道路的距离/m	317.54	0.09	32.01	46.18	46.59
5	斑块数量	9	1	3	3.13	1.50
6	平均斑块规模	5 014.59	91.20	1 255.36	1 411.97	830.33
7	面积变异系数	5.30	0	0.66	0.76	0.65
8	最近耕作距离	238.52	0	3.96	27.56	46.10
9	流转比率(权属层面)	100	0	0	19.00	0.28
10	设施农用地比率	100	0	0	1.00	10.00
11	经济作物比率	100	0	0	15.00	25.00
12	机械化比率	100	0	100	98.00	10.00
13	地块分散度	—	—	—	—	—
14	沟渠密度	—	—	—	—	—

续　表

序号	指　　标	统计描述				
		最大值	最小值	中位数	平均数	标准差
15	道路密度	—	—	—	—	—
16	规模经营比例	—	—	—	—	—
17	转比例（利用与经营层面）	—	—	—	—	—
18	平均形状指数	—	—	—	—	—
19	斑块大小变异系数	—	—	—	—	—
20	斑块面积标准差	—	—	—	—	—
21	Shannon 均匀度指数	—	—	—	—	—
22	面积加权形状指数	—	—	—	—	—
23	面积加权分维数	—	—	—	—	—

9.2.2.2　资源指标分析

（1）指标评价

a. 地块形状指数

电站片地块形状指数土地整治前的最大值为 47.53,最小值为 1.55,平均值为 2.14,中位数为 1.82,标准差为 1.65;土地整治后的最大值为 47.53,最小值为 1.55,平均值为 2.00,中位数为 1.84,标准差为 2.72。整治前后电站片地块形状指数的变化情况见图 9－5。

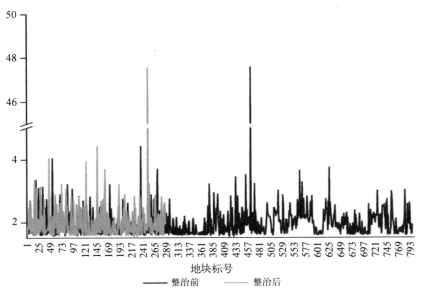

图 9－5　电站片地块形状指数折线图

新农片地块形状指数土地整治前的最大值为 9.54,最小值为 1.55,平均值为2.00,中位数为1.86,标准差为0.44;土地整治后的最大值为9.54,最小值为1.52,平均值为1.96,中位数为1.88,标准差为0.49。整治前后新农片地块形状指数的变化情况见图9-6。

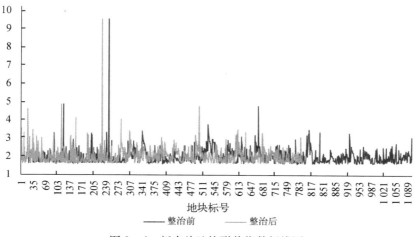

图9-6 新农片地块形状指数折线图

b. 地块规模

电站片土地整治前地块总规模为196.65 hm²,田块数为807个,最大值为16 551.83 m²,最小值为0.03 m²,中位数为1 644.11 m²,标准差为2 316.38,平均规模为2 436.82 m²;土地整治后地块总规模为195.38 hm²,田块数为288个,最大值为71 678.77 m²,最小值为57.44 m²,中位数为3 223.10 m²,标准差为9 240.80,平均规模为6 793.90 m²。整治前后电站片地块规模的变化情况见图9-7。

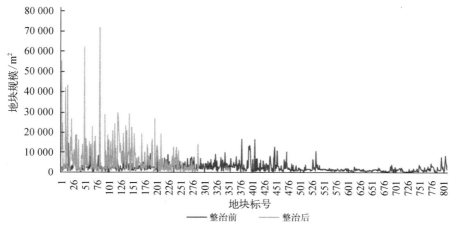

图9-7 电站片地块规模折线图

新农片土地整治前地块总规模为 179.70 hm²,田块数为 1 112 个,最大值为 17 018.57 m²,最小值为 42.41 m²,中位数为 1 012.78 m²,标准差为 1 757.61,平均规模为 1 616.00 m²;土地整治后地块总规模为 179.17 hm²,田块数为 794 个,最大值为 17 081.57 m²,最小值为 42.41 m²,中位数为 1 409.67 m²,标准差为 2 290.35,平均规模为 2 256.55 m²。整治前后新农片地块规模的变化情况见图 9 - 8。

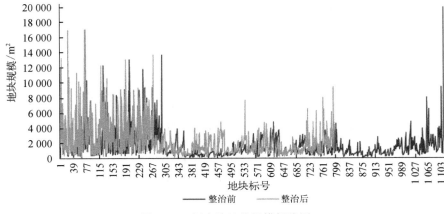

图 9 - 8　新农片地块规模折线图

c. 距最近灌溉设施的距离

电站片地块距最近灌溉设施的距离,土地整治前的最大值为 250.32 m,最小值为 0.07 m,平均值为 31.46 m,中位数为 23.73 m,标准差为 32.26;土地整治后的最大值为 128.62 m,最小值为 0.25 m,平均值为 25.30 m,中位数为 21.74 m,标准差为 19.19。整治前后电站片地块距最近灌溉设施的距离变化情况见图 9 - 9。

新农片地块距最近灌溉设施的距离,土地整治前的最大值为 273.54 m,最小值为 1.13 m,平均值为 47.38 m,中位数为 38.54 m,标准差为 36.72;土地整治后的最大值为 236.82 m,最小值为 0.12 m,平均值为 34.38 m,中位数为 29.34 m,标准差为 27.34。整治前后新农片地块距最近灌溉设施的距离变化情况见图 9 - 10。

d. 距离最近道路的距离

电站片地块距离最近道路的距离,土地整治前的最大值为 229.85 m,最小值为 0.32 m,平均值为 40.09 m,中位数为 34.49 m,标准差为 28.94;土地整治后的最大值为 150.03 m,最小值为 0.24 m,平均值为 32.43 m,中位数为 28.99 m,标准差为 24.51。整治前后电站片地块距离最近道路的距离变化情况见图 9 - 11。

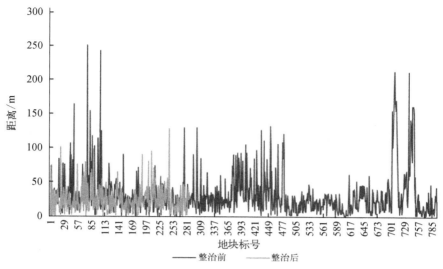

图 9-9　电站片地块距最近灌溉设施折线图

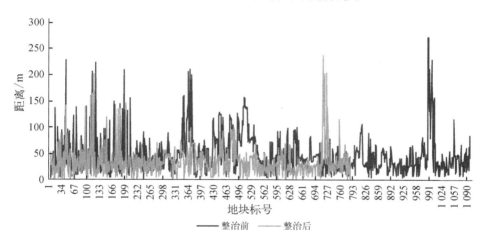

图 9-10　新农片地块距最近灌溉设施折线图

　　土地整治前,新农片地块距最近道路距离的最大值为 346.33 m,最小值为 0.41 m,平均值为 62.44 m,中位数为 46.11 m,标准差为 58.11;整治后的最大值为 317.54 m,最小值为 0.09 m,平均值为 46.18 m,中位数为 32.01 m,标准差为 46.59。整治前后新农片地块距离最近道路的距离变化情况见图 9-12。

　　(2)资源层面综合评价

　　a. 土地整治对地块规模的影响

　　经土地整治,平均地块规模呈现扩大趋势,电站片由土地整治前的 2 436.82 m² 扩大到土地整治后的 6 783.91 m²,新农片由土地整治前的 1 616.00 m² 扩大到土

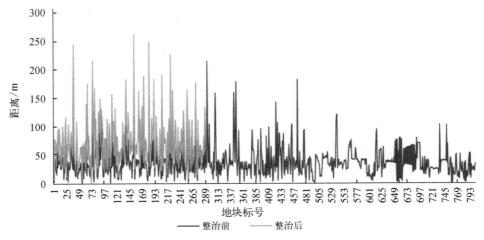

图 9 - 11 电站片地块距离最近道路折线图

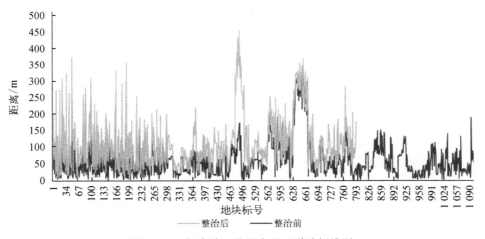

图 9 - 12 新农片地块距离最近道路折线图

地整治后的 2 256.55 m²,这表明经过土地整治扩大了耕地地块规模,便于进行机械化耕作,使整治区内的地块规模变得相对均匀。

b. 土地整治对地块形状的影响

地块形状指数代表了地块与等面积圆形的相差程度,其值越大,则地块形状与圆形相差越大,形状越不规则。经土地整治,电站片地块形状指数由土地整治前的 2.14 降低到土地整治后的 2.00,新农片地块形状指数由土地整治前的 2.00 降低到土地整治后的 1.96,并且地块的几何形状趋于简单,相似性增强,这表明土地整治通过土地平整工程和道路沟渠等设施配套工程,使地块外形被分割得更加规整,从而提高农户耕作效率。

c. 土地整治对地块基础设施的影响

地块距离最近灌溉设施和最近道路的距离都反映了整治区域中田间基础设施的空间分布情况。土地整治前,项目区内的基础设施配套完善度较低,土地整治中设计水闸,布置斗渠 11.14 km,营造林带水杉 6 533 株;新农片新修田间路和生产道 10.31 km。土地整治后,从地块距最近灌溉设施的距离看,电站片地块距最近灌溉设施的平均距离由土地整治前的 31.46 m 降低到整治后的 25.30 m,新农片由土地整治前的 47.38 m 下降到整治后的 34.38 m,显著提高了灌溉设施的有效性;从地块距离最近道路的距离来看,电站片地块距离最近道路的平均距离由土地整治前的 199.88 m 降低到整治后 32.43 m,新农片由土地整治前的 62.44 m 下降到整治后 46.18 m,表明土地整治后,耕地集中连片程度提高,地块的道路通达度得到明显提升。总的来说,土地整治前后地块平整度得到显著提升,地块设施配套更加完善,地块细碎化程度得到明显改善。

经过指标赋权打分,土地整治前后电站片资源层面细碎化评价值分别为 79.2 和 90.0,地块尺度的评价结果见图 9 - 13。

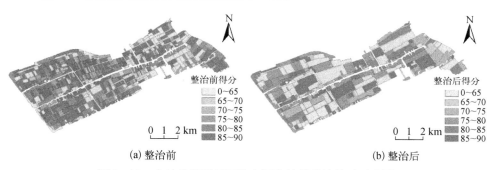

(a) 整治前　　　　　　　　　　　(b) 整治后

图 9 - 13　电站片资源层面综合评价结果整治前后对比图

土地整治前后新农片资源层面细碎化评价值分别为 77.2 和 80.1,地块尺度的评价结果见图 9 - 14。

9.2.2.3　权属指标分析

(1) 指标评价

因资料限制,项目区土地整治前的土地权属状况不明,土地整治前后村域尺度下农户权属均未作调整,故土地整治前后计算结果无差异。

a. 斑块数量

电站片耕地斑块数量的最大值为 6 个,最小值为 1 个,平均值为 1.69 个,中位数为 1 个,标准差为 0.86。电站片耕地斑块数量分布状况见图 9 - 15。

新农片耕地斑块数量最大值为 9 个,最小值为 1 个,平均值为 3.13 个,中位数为 3 个,标准差为 1.50。新农片耕地斑块数量分布状况见图 9 - 16。

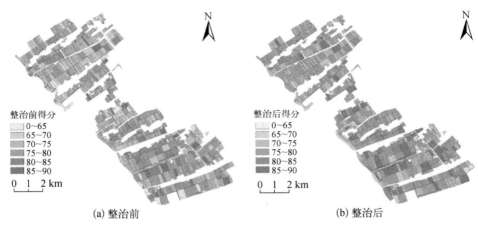

图 9-14 新农片资源层面综合评价结果整治前后对比图

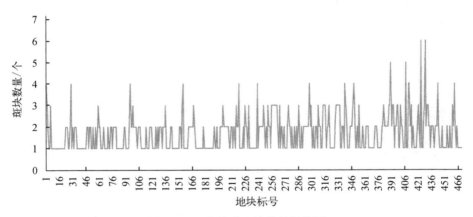

图 9-15 电站片斑块数量折线图

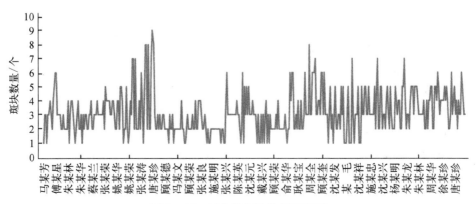

图 9-16 新农片斑块数量折线图

　　b. 平均斑块规模

　　电站片平均斑块规模的最大值为 14 509.99 m²,最小值为 57.47 m²,平均值为 2 436.87 m²,中位数为 1 858.17 m²,标准差为 2 038.41。电站片平均斑块规模分布状况见图 9-17。

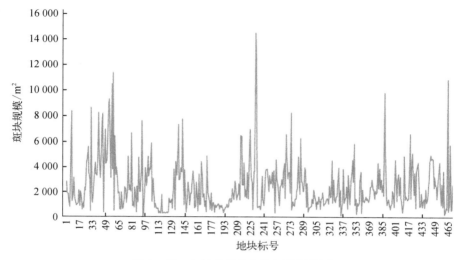

图 9-17　电站片平均斑块规模折线图

　　新农片平均斑块规模的最大值为 5 014.59 m²,最小值为 91.20,平均值为 1 411.97 m²,中位数为 1 255.36 m²,标准差为 830.33。新农片平均斑块规模分布状况见图 9-18。

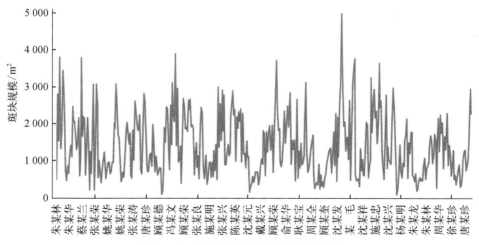

图 9-18　新农片平均斑块规模折线图

c. 面积变异系数

电站片斑块面积变异系数的最大值为 4.49,最小值为 0.004,平均值为 0.75,中位数为 0.66,标准差为 0.65。电站片斑块面积变异系数变化情况见图 9-19。

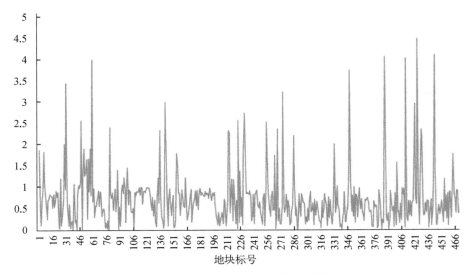

图 9-19　电站片面积变异系数折线图

新农片斑块面积变异系数的最大值为 5.30,最小值为 0,平均值为 0.76,中位数为 0.66,标准差为 0.65。新农片斑块面积变异系数变化情况见图 9-20。

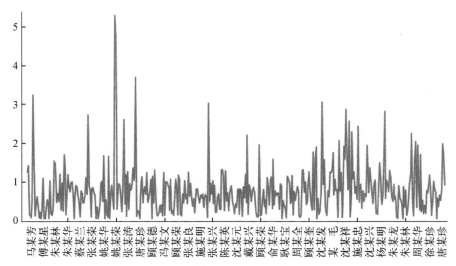

图 9-20　新农片面积变异系数折线图

d. 最近耕作距离

电站片最近耕作距离的最大值为 616.83 m,最小值为 0,平均值为 199.88 m,中位数为 188.60 m,标准差为 137.41。电站片最近耕作距离分布状况见图 9-21。

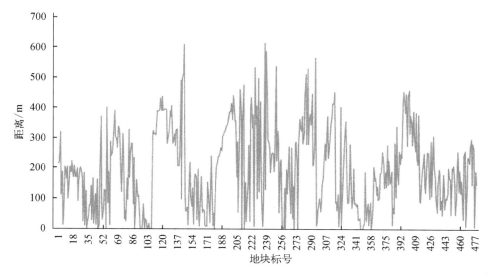

图 9-21 电站片最近耕作距离折线图

新农片最近耕作距离的最大值为 238.52 m,最小值为 0,平均值为 27.56 m,中位数为 3.96 m,标准差为 46.10。新农片最近耕作距离分布状况见图 9-22。

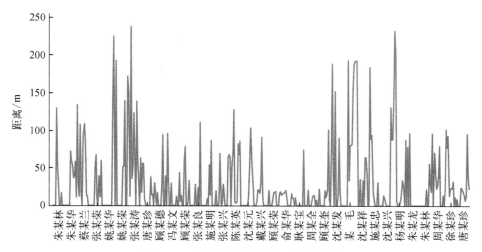

图 9-22 新农片最近耕作距离折线图

e. 流转比率(权属层面)

由于电站片的土地全部流转,其地块流转比率达100%。新农片地块流转比率的最大值为100%,最小值为0,平均值为19%,中位数为0,标准差为28%。电站片、新农片地块流转比率(权属层面)分布状况见图9-23。

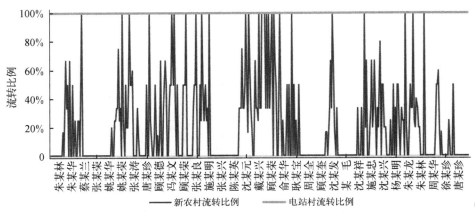

图9-23　项目区地块流转比率(权属图层)折线图

f. 设施农用地比率

由于电站片无设施农用地,因此电站片的设施农用地比率为0。新农片设施农用地比率的最大值为100%,最小值为0,平均值为1.00%。新农片设施农用地比率分布状况见图9-24。

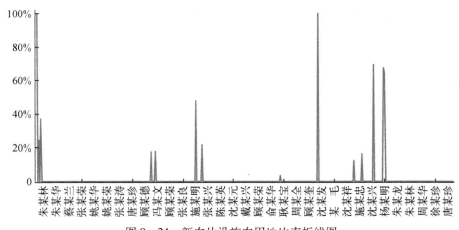

图9-24　新农片设施农用地比率折线图

g. 经济作物比率

电站片经济作物比率的最大值为100%,最小值为0,平均值为2.73%,中位数为 0,标准差为 14.44%。电站片经济作物比率分布状况见图 9-25。

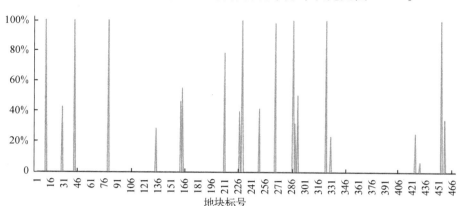

图 9-25 电站片经济作物比率折线图

新农片经济作物比率的最大值为 100%,最小值为 0,平均值为 15%,中位数为 0,标准差为 25%。新农片经济作物比率分布状况见图 9-26。

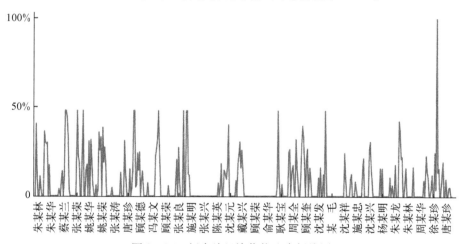

图 9-26 新农片经济作物比率折线图

h. 机械化比率

电站片机械化比率的最大值为 100%,最小值为 0,平均值为 99.54%,中位数为 100%,标准差为 6.51%。新农片机械化比率的最大值为 100%,最小值为 0,平均值为 98%。电站片、新农片机械化比率分布状况见图 9-27。

(2) 权属层面综合评价

a. 土地整治前后斑块数量变化

电站片耕地总计 196.65 hm²,地块周长合计 177.08 km,共有 807 个地块,

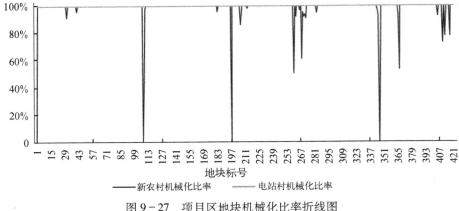

图 9-27 项目区地块机械化比率折线图

其中确定权属的共计 478 个农户,基于此统计农户每家拥有的地块数量。结果表明,拥有最多地块数量的农户一家拥有 6 块地,拥有最少地块数量的农户一家仅有 1 块地,按农户所拥有的地块数量进行阶梯分布,地块数量在 2~3 块的农户数量最多。新农片耕地总计 179.70 hm²,地块周长合计 197.31 km,共有 1 112个地块,其中确定权属的共计 420 个农户,基于此统计农户每家拥有的地块数量。结果表明,拥有最多地块数量的农户一家拥有 9 块地,拥有最少地块数量的农户一家仅有 1 块地,按农户所拥有的地块数量进行阶梯分布,地块数在 1~2块的农户数量最多。尽管农户拥有地块数量不尽相同,但大多农户拥有的地块数都处于 3~4 块,基于此,对于农户一家平均拥有三四块地的情况来看,耕地权属细碎化明显,改善耕地细碎化状态的潜力较大。

b. 土地整治前后平均斑块规模变化

电站片 478 个农户中平均斑块规模最大的是 14 509.99 m²(约 21.76 亩),最小的是 60 m²(约 0.09 亩),多数农户拥有的地块规模在 2 440 m²(约 3.66 亩)。新农片 420 个农户中平均斑块规模最大的是 5 014.59 m²(约 7.52 亩),最小的是93.33 m²(约 0.14 亩),多数农户拥有的地块规模在 1 413.33 m²(约 2.12 亩)。

c. 土地整治前后面积变异系数变化

总体上,项目区内农户所拥有的地块规模变化幅度不大,剧烈波动出现在拥有地块数量为 1~2 块的农户上,对区域土地整治前后面积变异系数总体影响不大。由此可知,项目区内农户拥有的地块规模整体相差无几,平均变异系数较低,电站片平均变异系数为 0.75、新农片平均变异系数为 0.65。

d. 土地整治前后最近耕作距离变化

统计项目区内电站片、新农片农户宅基地质心到自家田块质心点之间的最近距离。如图 9-21、9-22 所示,图中横坐标代表农户宅基地标号,纵坐标代表农户最近耕作距离,由于电站片农户的土地全部流转,且农户已搬迁完毕,因而平均最近距离为 199.88 m;而新农片不涉及农户拆迁工作,因此其农户平均距离在 27.56 m。

　　e. 土地整治前后重要指标比率变化

　　项目区电站片、新农片由于未涉及耕地权属的调整,因而土地整治前后农户经济作物比率、机械化率变化较小,其平均值变化也较小。主要是在耕地流转率方面呈现较大差异,电站片土地流转比率达到 100%,平均机械化率达到99.54%,而新农片土地流转比率则为 19%,平均机械化率在 98% 左右,其值的分布较集中。但项目区设施农用地比率相对较小,电站片土地整治前后设施农用地为 0,新农村设施农用地比率仅有 1%,土地整治前后无变化,且其值分布较分散。

　　经过指标赋权打分,土地整治前后电站片权属层面细碎化评价值分别为83.7 和 83.9,地块尺度的评价结果见图 9-28。

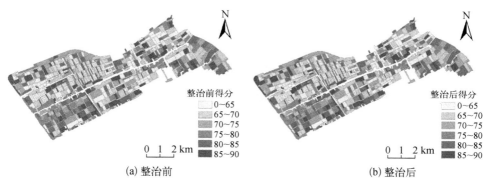

(a) 整治前　　　　　　　　　　　　(b) 整治后

图 9-28　电站片整治前后权属综合评价对比图

　　土地整治前后新农片权属层面细碎化评价值分别为 76.2 和 76.4,地块尺度的评价结果见图 9-29。

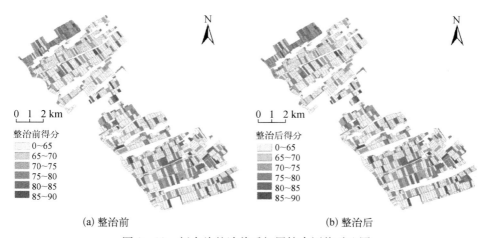

(a) 整治前　　　　　　　　　　　　(b) 整治后

图 9-29　新农片整治前后权属综合评价对比图

9.2.2.4　利用指标分析

（1）指标评价

根据表9-2确定的指标体系,通过计算得到了项目区利用(经营)细碎化各指标分析结果,见表9-7。通过指标结果分析,可以发现,项目区地块分散度合计由整治前的3.01降低到整治后的2.26;其中,土地整治后电站片沟渠密度、道路密度提升较多,分别由整治前的0.003、0.170 m/hm² 提高到整治后的0.070、0.492 m/hm²。土地整治前后电站片、新农片地块规模经营比例均没有变化。由于土地整治前新农片无土地流转情况,故地块流转比例上升幅度较大,由整治前的0上升到整治后的0.58。电站片地块平均形状指数由整治前的2.66降低到整治后的2.28,新农片由整治前的1.97上升到整治后的2.00。项目区斑块大小变异系数合计由整治前的203.71上升到整治后的237.50。项目区斑块面积标准差合计由整治前的0.41上升到整治后的1.15。项目区Shannon均匀度指数合计由整治前的1.11上升到整治后的1.18。项目区面积加权形状指数合计由整治前的2.74上升到整治后的2.80。项目区面积加权分维数合计由整治前的2.80降低到整治后的2.73。

表9-7　项目区利用(经营)指标值分析

指标名称	整治前			整治后		
	电站村	新农村	合　计	电站村	新农村	合　计
地块分散度	1.18	1.83	3.01	0.71	1.55	2.26
沟渠密度/(m/hm²)	0.003	0.009	0.012	0.070	0.016	0.086
道路密度/(m/hm²)	0.170	0.002	0.172	0.492	0.014	0.506
规模经营比例	0.00	0.00	0.00	0.00	0.00	0.00
流转比例(利用与经营层面)	1.00	0.00	1.00	1.00	0.58	1.58
平均形状指数	2.66	1.97	4.63	2.28	2.00	4.28
斑块大小变异系数	95.00	108.71	203.71	136.07	101.43	237.5
斑块面积标准差	0.23	0.18	0.41	0.92	0.23	1.15
Shannon均匀度指数	0.53	0.58	1.11	0.57	0.61	1.18
面积加权形状指数	1.38	1.36	2.74	1.43	1.37	2.80
面积加权分维数	1.39	1.41	2.80	1.34	1.39	2.73

（2）利用(经营)层面综合评价

根据表9-7,项目区利用(经营)指标统计结果见图9-30和9-31。由图可知,新农片在土地整治前耕地细碎化问题明显,沟渠密度、道路密度均较低,没有规模经营和土地流转现象。经整治后,项目区沟渠密度和道路密度显著提升,通过"小块变大块",规模经营条件明显改善,再加之田间基础设施不断完善,使得农户耕作更加便利,农户种地积极性得到提升,部分土地开始流转,规模经营比例和土地流转比例得到提高。同时,整治后项目区地块的连片性提升,地块分散度显著降低,整体上地块变得更加规整。由于土地整治前,耕地细碎化程度较高,耕地地块具有面积小、形状不规则等特点,地块面积相对一致。整治后,由于部分地块的合并,使得项目区出现了较大地块和小地块共存的现象,因而斑块大小变异系数和斑块面积标准差在土地整治前后呈显著上升的趋势。

经过指标赋权打分,土地整治前后电站片利用(经营)层面细碎化评价值分别为72.9和78.6;新农片的评价值分别为64.8和68.4。整治前后利用(经营)指标结果对比图见9-30和9-31。

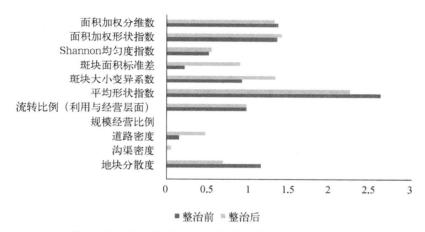

图9-30　电站片整治前后利用(经营)指标结果对比图

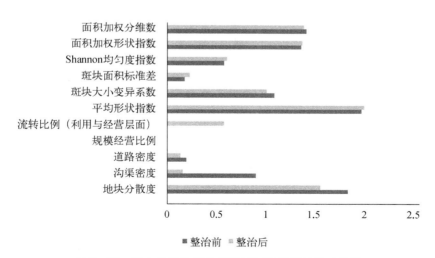

图9-31　新农片整治前后利用(经营)指标结果对比图

9.2.2.5 综合评价

（1）电站片

通过土地整治，电站片耕地细碎化问题得到了一定改善，细碎化综合评价由整治前的 76.37 提高到整治后的 81.12。资源层面上，耕地细碎化程度改善最大，通过土地整治，耕地地块更加规整；权属层面上，由于未进行进一步土地权属调整，耕地细碎化程度变化不大；利用（经营）层面上，通过土地整治，田块连片集中，基础设施配套程度提升，形成了若干农业经营合作社，使全村土地都得到流转。

（2）新农片

通过土地整治，新农片耕地细碎化问题得到了一定改善，细碎化综合评价由整治前的 69.00 提高到整治后的 71.65。资源层面上，耕地细碎化程度改善程度最大，通过土地整治，耕地地块形状更加规整，地块面积更加均衡；权属层面上，由于未进行土地权属调整，耕地细碎化程度变化不大；利用（经营）层面上，由于土地整治采取的一系列措施，使田块集中连片程度增加，加之道路、灌溉设施布局合理，基础设施配套更加完善，为土地流转创造了很好的条件，促进了种粮大户和农业经营合作社的发展，通过承包大面积土地，达到规模经营，从而降低了利用与经营方面的细碎化。

9.2.3 土地整治影响述评

太仓市城厢镇电站等村高标准基本农田土地整治项目通过对田、水、林、路、村进行综合治理，改善了农业生产条件和生态环境，提高了耕地质量，增加了农业综合生产能力和抗旱抗涝能力，达到了高产稳产的目的。

1）从资源层面看，土地整治后，耕地集中连片程度和田块设施配套率提高，田间灌溉设施的有效性和道路通达度显著提升，耕地细碎化程度得到明显改善。① 地块平均规模呈现扩大趋势，地块规模变得相对均匀，有利于开展机械化耕作。电站片由整治前的 2 436.82 m² 扩大到整治后的 6 783.91 m²；新农片由整治前的 1 616.00 m² 增加到整治后的 2 256.55 m²。② 地块的几何形状更加规整，耕作效率得到提高，电站片地块形状指数由整治前的 2.14 降低到整治后的 2.00，新农片由整治前的 2.00 降低到整治后的 1.96。③ 田间基础设施配套完善度显著提高。地块距最近灌溉设施的平均距离，电站片由 31.46 m 降低到 25.30 m，新农片由 47.38 m 下降到 34.38 m；地块距离最近道路的平均距离，电站片由 199.88 m 降低到 32.43 m，新农片由 62.44 下降到 46.18 m。

2）从权属层面看，耕地细碎化改善仍有相当潜力。① 项目区农户家庭拥有的地块数多为 3~4 块，且面积不一，多为分散布局；② 项目区农户所拥有的地块相对较小，平均规模为 2.12 亩，难以形成集中连片规模化经营，土地流转市场存在巨大潜力；③ 在推进农业现代化建设和发展多元高效农业方面，依托地方优势建立农业合作社是重要途径，电站片的经验具有示范作用。

3）从地块利用（经营）层面看，① 电站片和新农片在土地整治前后单一地块均未达到规模经营，但从整体上看其基础设施和农田水平配套状况得到显著提升，具备发展规模经营的条件；② 土地整治为村域土地规模化经营和土地流转提供了条件，伴随着地块分散度的降低，必然带来地块连片度的提升。

9.3 基于苏中典型项目的分析

9.3.1 项目区概况

9.3.1.1 宝应县概况

宝应县地处江苏省中部，夹于江淮之间，京杭运河纵贯南北，属江苏中部的里下河地区，是扬州市的"北大门"。全县东西长 55.7 km，南北宽 47.4 km，下辖 15 个镇，总人口 92.13 万。土地总面积 146 165.6 hm²（其中陆地占 66.7%，水域占 33.3%）。宝应县是国家南水北调东线工程的源头地，先后成功创建为国家生态市（县）、国家园林县城、国家卫生县城以及江苏省文明城市、省级社会治安安全县。

县域内地势低洼，区内河道纵横，地面高程在 2.20~3.32 m。处于亚热带湿润性季风气候区，常年日照为 2 188 h，年辐射量为 113.68 kcal/cm²（1 cal = 4.186 8 J）；年平均气温 14.4℃；年平均无霜期 218 d；年平均降水量 958.5 mm，主要集中在 7~8 月，历时长、强度大；年平均蒸发量 1 441.1 mm，夏季蒸发量占全年的 37%。

宝应县土地总面积 146 165.6 hm²。其中农用地面积为 109 417.3 hm²，占土地总面积的 74.9%；建设用地面积 20 784.6 hm²，占比 14.2%；其他土地面积为 15 963.7 hm²，占比 10.9%。农用地中，耕地、园地、林地和其他农用地面积分别为 78 830.9 hm²、158.4 hm²、1 609.0 hm² 和 28 819.0 hm²，分别占农用地面积的 72.05%、0.14%、1.47% 和 26.34%;建设用地中,城乡建设用地面积 15 467.2 hm²,占土地总面积的 10.6%,包括城镇工矿用地 3 899.8 hm² 和农村居民点用地 11 567.4 hm²;交通水利及其他用地面积为 5 317.4 hm²,占土地总面积的 3.6%;其他土地中,水域和自然保留地的面积分别为 15 961.6 hm² 和 2.1 hm²,分别占 10.9% 和 0.0%。宝应县基本农田保护目标为 69 666.70 hm²,全县实际划定基本农田 69 841.25 hm²。县内农作物主要以种植粮食为主,其中以稻麦两熟为优势;经济作物主要以油菜为主。

宝应县经济发展水平在扬州市处于中下等,在全省 106 个县中经济排名列第 60 位,是全国首家有机食品基地示范县、首批平原绿化先进县、首批生态示范区、中国荷藕之乡、中国慈姑之乡。2015 年,宝应县经济社会保持了平稳健康发展的良好态势。经济发展稳中求进。全年完成地区生产总值 458.02 亿元、一般公共预算收入 30.49 亿元、出口额 6.75 亿元。近年来,宝应县城乡建设强势推进,实施了一批重点城建项目和交通项目,同时大力开展村庄环境整治,农村人居环境不断提升。全县 2015 年末户籍总人口 91.16 万人,人均国内生产总值 60 669 元,全县农业总产值 65.63 亿元。

9.3.1.2 项目区概况

宝应县小官庄镇诚忠等村高标准基本农田土地整治项目系江苏省国土资源厅 2014 年批准实施的省以上投资土地整理项目。项目区位于宝应县小官庄镇的南部,地处东经 119°25′52″~119°29′57″,北纬 33°8′40″~33°11′13″,东与鲁垛镇接壤,南与柳堡镇相连,西与范水镇交界,北至向阳河及小官庄镇小官庄村。项目区涉及小官庄镇诚忠村、范沟村、祖全村及南场村 4 个行政村,共 45 个村民小组。项目区位置示意见图 9-32。

项目区处于里下河圩区,地面高程在 2.20~3.32 m。项目区地面较为平坦,地势低洼,区内河道纵横,沟渠较多。项目区年平均气温 14.4℃,年平均无霜期 218 d,年平均降水量 958.5 mm,年平均蒸发量 1 441.1 mm。

项目区主要土质是脱潜型水稻土亚类,主要土种为蒜瓣土和鸟黏土两类,从土壤黏粒含量来看主要为壤黏土,土层分布明显。耕作层土壤肥力好:有机质含量为 2.29%,全氮 0.15%,全磷 0.16%,速效钾 155 ppm(1 ppm = 1 mg/kg),速效磷 7.7 ppm。耕作层土壤容重 1.24 g/cm³,总孔隙度 53.8%,饱和含水率 36.21%,田间持水率 35.4%;犁底层土壤容重 1.37 g/cm³,总孔隙度 48.8%,饱和含水率 38.84%,田间持水率 32.5%;土壤 pH 6.8。土壤结构良好,表土层深厚,水旱两宜。

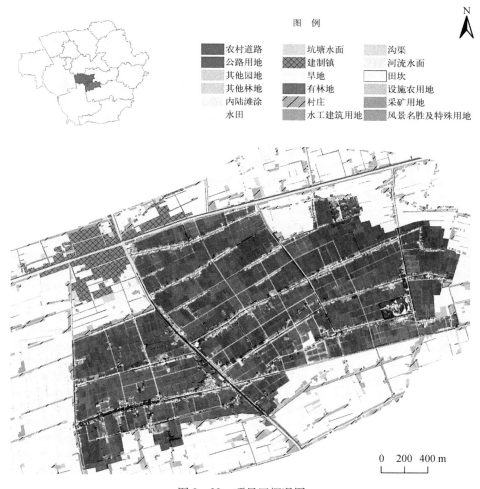

图 例

■ 农村道路	▨ 坑塘水面	▨ 沟渠	
■ 公路用地	▨ 建制镇	▨ 河流水面	
□ 其他园地	□ 旱地	□ 田坎	
□ 其他林地	■ 有林地	▨ 设施农用地	
□ 内陆滩涂	▨ 村庄	▨ 采矿用地	
□ 水田	▨ 水工建筑用地	▨ 风景名胜及特殊用地	

0 200 400 m

图 9 - 32　项目区概况图

项目区内生物资源比较丰富。除各种野生鸟类、鱼类和小动物及植物外,人工养殖的水产类主要有鲢鱼、草鱼、鲤鱼、鳊鱼、青虾、龙虾、革胡子鲶、黑鱼、黄鳝、泥鳅、昂刺鱼等,家禽类主要有鸡、鹅、鸭,牲畜类主要有猪、羊等;人工种植的主要是水稻、小麦、油菜、蚕豌豆等农作物和林木。

9.3.2　整治前后耕地细碎化变化

通过对项目区各村组土地确权鱼鳞图的全面收集,以"二调"图为基础,结合遥感影像,在 ArcGIS 中对各农户拥有的所有田地进行数字化,并添加权属字段,分别得到资源图层和权属图层;根据调研所获得的种粮大户、家庭农场、专业公司及合作社的信息,经过叠加套合,得到利用与经营图层。通过村组户籍统计资料,配合宅基地位置图,确定各户宅基地。

经统计,项目区共有耕地 1 196.83 hm² ,涉及农民 2 610 户,共有 3 265 个地块图斑,其中有 423 个地块经过了流转。其中,诚忠村有地块图斑 902 个,760户;祖全村有地块图斑 1 233 个,867 户,其中 105 个地块已流转;范沟村有地块图斑 282 个,292 户,其中 197 个地块已流转;南场村有地块图斑 848 个,691 户,其中 121 个地块已流转。土地整治前后项目区田块变化见图 9 - 33。

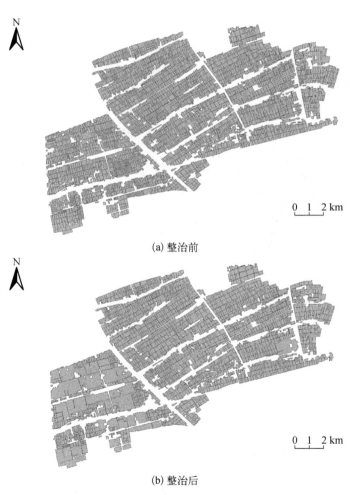

(a) 整治前

(b) 整治后

图 9 - 33 土地整治前后项目区田块变化图

9.3.2.1 指标统计分析

按照表 9-2 确定的指标体系,通过计算得到项目区整治前后各项指标值,相关指标值的统计描述见表 9-8。地块形状指数土地整治前后只有最小值变化较大,由 1.54 变化到 0.42;地块规模土地整治前后最大值、平均数、中位数和标准差变化明显,由 21 622.85、3 221.61、2 882.29、2 090.91 变化为 24 554.92、4 401.31、3 666.59、3 893.52;距最近灌溉设施距离土地整治前后最大值、最小值、平均数、中位数、标准差变化明显,由 1 260.90、0.32、193.05、142.40、187.37 变化为 227.73、0.02、41.11、38.84、23.33;距最近道路的距离土地整治前后最大值、最小值、平均数、中位数、标准差变化明显,由 888.70、0.53、122.39、85.22、120.16 变化为 344.21、0.02、43.29、41.65、25.75;由于土地整治后未进行土地权属调整,项目区斑块数量、平均斑块规模、面积变异系数、最近耕作距离、流转比率、设施农用地比率、经济作物比率、机械化比率等指标值无变化。

9.3.2.2 资源指标分析

(1)指标评价

a. 地块形状指数

土地整治前地块形状指数的最大值为 13.77,最小值为 1.54,平均值为 1.91,中位数为 1.80,标准差为 0.51;整治后最大值为 13.77,最小值为 0.42,平均值为 1.82,中位数为 1.73,标准差为 0.57。整治前后地块形状指数变化情况见图 9-34。

b. 地块规模

土地整治前项目区田块数为 3 715 个,地块规模的最大值为 21 622.85 m²,最小值为 6.13 m²,中位数为 2 882.29 m²,标准差为 2 090.91,平均规模为 3 221.61 m²;整治后田块个数减少为 2 718 个,地块规模最大值为 124 554.92 m²,最小值为 6.13 m²,中位数为 3 666.59 m²,标准差为 3 893.52,平均规模为 4 401.31 m²。整治前后地块规模变化情况见图 9-35。

c. 距最近灌溉设施的距离

土地整治前,项目区地块距最近灌溉设施距离的最大值为 1 260.90 m,最小值为 0.32 m,平均值为 193.05 m,中位数为 142.40 m,标准差为 187.37;整治后的最大值为 227.73 m,最小值为 0.02 m,平均值为 41.11 m,中位数为 38.84 m,标准差为 23.33。整治前后地块距最近灌溉设施距离的变化情况见图 9-36。

表 9-8 整治前后指标值统计描述表

序号	指标名称	最大值		最小值		统计描述 平均数		中位数		标准差	
		整治前	整治后	整治前	整治后	整治前	整治后	整治前	整治后	整治前	整治后
1	地块形状指数	13.77	13.77	1.54	0.42	1.91	1.82	1.80	1.73	0.51	0.57
2	地块规模/m²	21 622.85	124 554.92	6.13	6.13	3 221.61	4 401.31	2 882.29	3 666.59	2 090.91	3 893.52
3	距最近灌溉设施的距离/m	1 260.90	227.73	0.32	0.02	193.05	41.11	142.40	38.84	187.37	23.33
4	距离最近道路的距离/m	888.70	344.21	0.53	0.02	122.39	43.29	85.22	41.65	120.16	25.75
5	斑块数量	28	28	1.00	1.00	1.81	1.81	2.00	2.00	1.12	1.12
6	平均斑块规模/m²	19 480.99	19 480.99	239.95	239.95	2 737.99	2 737.99	2 318.62	2 318.62	1 683.64	1 683.64
7	面积变异系数	23.24	23.24	0	0	0.45	0.45	0.27	0.27	0.71	0.71
8	最近耕作距离/m	434.91	434.91	0	0	45.89	45.89	20.25	20.25	60.81	60.81
9	流转比率（权属层面）	1.00	1.00	0	0	0.32	0.32	0	0	0.42	0.42
10	设施农用地比率	1.00	1.00	0	0	0.01	0.01	0	0	0.07	0.07
11	经济作物比率	1.00	1.00	0	0	0.03	0.03	0	0	0.15	0.15
12	机械化比率	1.00	1.00	0	0	0.92	0.92	1.00	1.00	0.24	0.24
13	地块分散度	—	—	—	—	—	—	—	—	—	—
14	沟渠密度/（m/hm²）	—	—	—	—	—	—	—	—	—	—
15	道路密度/（m/hm²）	—	—	—	—	—	—	—	—	—	—
16	规模经营比例	—	—	—	—	—	—	—	—	—	—
17	转比例（利用与经营层面）	—	—	—	—	—	—	—	—	—	—
18	平均形状指数	—	—	—	—	—	—	—	—	—	—
19	斑块大小变异系数	—	—	—	—	—	—	—	—	—	—
20	斑块面积标准差	—	—	—	—	—	—	—	—	—	—
21	Shannon 均匀度指数	—	—	—	—	—	—	—	—	—	—
22	面积加权形状指数	—	—	—	—	—	—	—	—	—	—
23	面积加权分维数	—	—	—	—	—	—	—	—	—	—

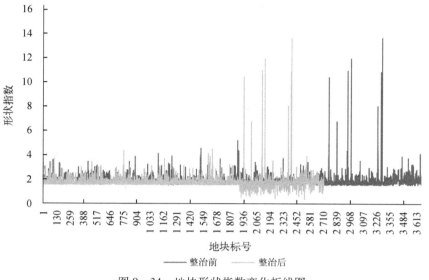

图 9-34　地块形状指数变化折线图

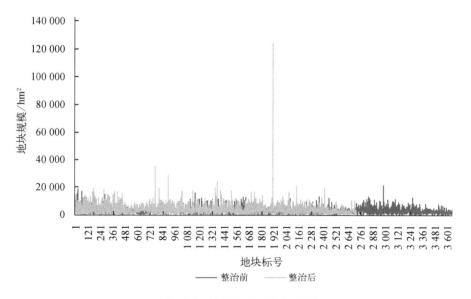

图 9-35　地块规模变化折线图

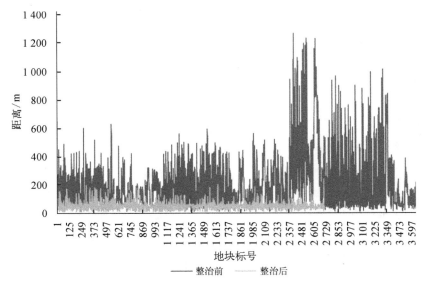

图 9-36 地块距最近灌溉设施距离变化折线图

d. 距离最近道路的距离

土地整治前,项目区地块距最近道路距离的最大值为 888.70 m,最小值为 0.53 m,平均值为 122.39 m,中位数为 85.22 m,标准差为 120.16;整治后的最大值为 344.21 m,最小值为 0.02 m,平均值为 43.29 m,中位数为 41.65 m,标准差为 25.75。整治前后项目区地块距最近道路距离的变化情况见图 9-37。

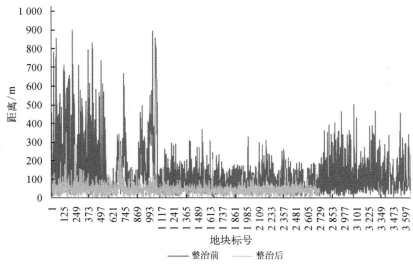

图 9-37 地块距最近道路距离变化折线图

（2）资源层面综合评价

经过土地整治,项目区内平均地块规模呈现扩大趋势,由整治前的 3 221.61 m²
扩大到整治后的 4 401.31 m²;地块形状指数由整治前的 1.91 降低到 1.82,表明通
过土地平整工程和农田水利基础设施的配套完善,地块形状更加规整,有利于提
高耕作效率。

项目区内地块距最近灌溉设施的平均距离由土地整治前的 193.05 m 降低
到整治后的 41.11 m;地块距最近道路的距离,由土地整治前 122.39 m 降低整治
后的 43.29 m。表明土地整治后耕地集中连片程度提高,田间灌溉设施的有效
性和道路通达度得明显提升。

经过指标赋权打分,土地整治前后项目区资源层面细碎化评价值分别为
71.8 和 81.3,地块尺度的评价结果见图 9-38。

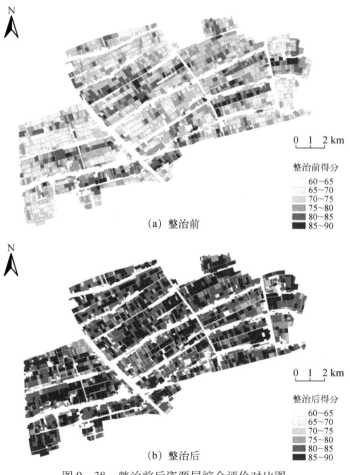

图 9-38　整治前后资源层综合评价对比图

9.3.2.3 权属指标分析

（1）指标评价

因资料限制，项目区土地整治前的土地权属状况不明，土地整治前后村域尺度下农户权属均未作调整，因而认定整治前后变化较小或没有变化，故土地整治前后计算结果无差异。

a. 斑块数量

农户尺度下，项目区内单个农户所拥有耕地斑块数量的最大值为 28 个，最小值为 1 个，平均值为 1.81 个，中位数为 2 个，标准差为 1.12。斑块数量越多，耕地越细碎。项目区斑块数量分布状况见图 9-39。

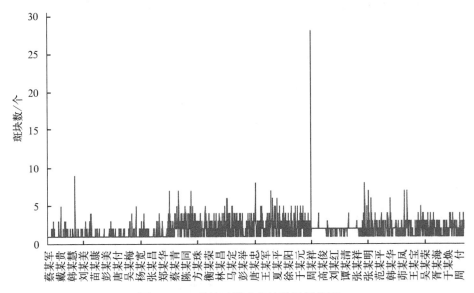

图 9-39　项目区耕地斑块数量折线图

b. 斑块规模

项目区内耕地斑块规模的最大值为 19 480.99 m²，最小值为 239.95 m²，平均值为 2 737.99 m²，中位数为 2 318.62 m²，标准差为 1 683.64。项目区内耕地斑块规模分布状况见图 9-40。

c. 面积变异系数

项目区内耕地斑块面积变异系数的最大值为 23.24，最小值为 0，平均值为 0.45，中位数为 0.27，标准差为 0.71。项目区斑块面积变异系数的变化情况见图 9-41。

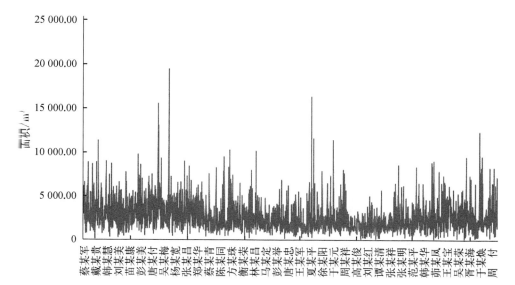

图 9-40　平均斑块规模折线图

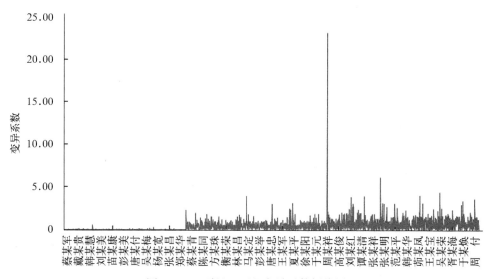

图 9-41　项目区面积变异系数折线图

d. 最近耕作距离

项目区内农户距最近耕地斑块耕作距离的最大值为 434.91 m,最小值为 0 m,平均值为 45.89 m,中位数为 20.25 m,标准差为 60.81。项目区最近耕作距离的分布状况见图 9-42。

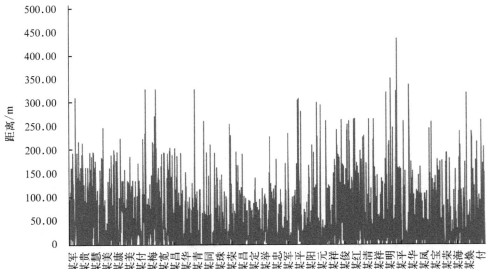

图 9 - 42　项目区最近耕作距离折线图

e. 流转比率(权属层面)

项目区内土地流转比率的最大值为 1.00,最小值为 0,平均值为 0.32,中位数为 0,标准差为 0.42。项目区土地流转比率(权属层面)的分布状况见图 9 - 43。

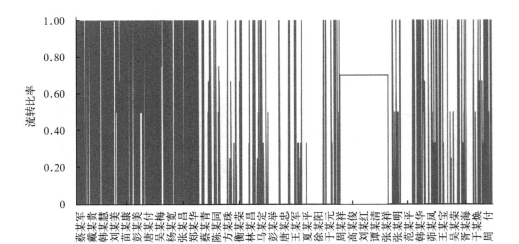

图 9 - 43　项目区流转比率(权属层面)折线图

f. 设施农用地比率

项目区内设施农用地的占地比率的最大值为 1.00,最小值为 0,平均值为 0.01,中位数为 0,标准差为 0.07。项目区设施农用地比率的分布状况见图 9－44。

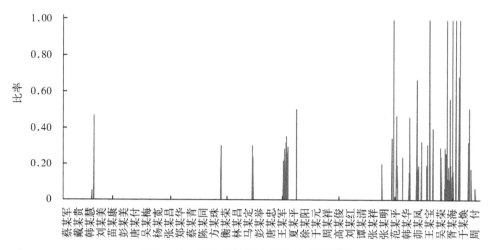

图 9－44 项目区设施农用地比率折线图

g. 经济作物比率

项目区内经济作物的种植比率最大值为 1.00,最小值为 0,平均值为 0.03,中位数为 0,标准差为 0.15。项目区经济作物比率的分布状况见图 9－45。

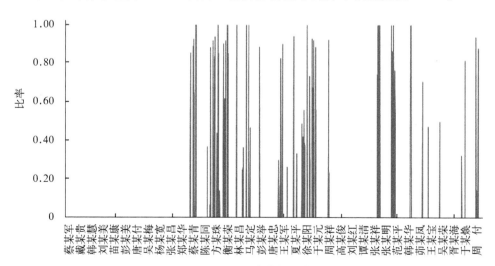

图 9－45 项目区经济作物比率折线图

h. 机械化比率

项目区内机械化比率的最大值为 1.00,最小值为 0,平均值为 0.92,中位数为 1.00,标准差为 0.24。项目区机械化比率的分布状况见图 9 – 46。

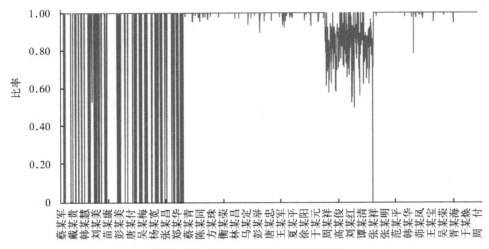

图 9 – 46　项目区机械化比率折线图

（2）权属层面综合评价

项目区确定权属的有 2 531 个农户,拥有地块数量最多的农户拥有 28 块地,最少的仅有 1 块地。按农户所拥有的地块数量进行分类统计,地块数在 1~3 的农户占比最大。项目区耕地斑块的面积最大为 19 480.99 m^2,最小为 239.95 m^2,多数农户拥有的地块规模在 2 737.99 m^2 左右。

由于项目区未进行全面的土地权属的调整,整治前后农户经济作物比率、机械化率变化较小。当前项目区土地流转比率为 32%,平均机械化率达 92%。但设施农业和多种经营发展尚不充分,设施农用地比率仅为 1%,经济作物比率仅为 3%。

经过指标赋权打分,土地整治前后项目区权属层面细碎化综合评价结果分别为 82.7 和 83.1,地块尺度的评价结果见图 9 – 47。

9.3.2.4　利用指标分析

（1）指标评价

根据表 9 – 2 确定的指标体系,计算得到项目区利用（经营）细碎化各指标分析结果,见表 9 – 9。结果分析表明,项目区内地块分散度由整治前的 1.36 降低到整治后的 1.31;沟渠密度和道路密度分别由整治前的 49.94 和 83.10 m/hm² 提升到整治后的 150.29 和 86.39 m/hm²;规模经营比例和流转比例（利用与

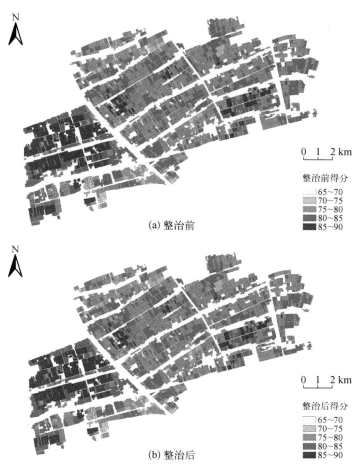

图 9 - 47　项目区资源层面综合评价得分整治前后对比图

经营层面)分别由整治前的 0 和 7.0%上升到整治后的 19.0%和 21.0%;斑块变异系数由整治前的 69.99 上升到整治后的 228.17;斑块面积标准差由整治前的0.19 上升到整治后的 1.02;Shannon 均匀度指数由整治前的 0.16 降低到整治后的 0.14;面积加权形状指数由整治前的 1.34 上升到整治后的 1.55;面积加权分维数整治前后未发生变化,均为 1.43。

　　(2)利用(经营)层面综合评价

　　根据表 9 - 9,其利用(经营)指标结果统计见图 9 - 48。土地整治前项目区耕地细碎化问题突出,沟渠密度较小,土地流转和规模经营比例均较低。经过土地整治,沟渠密度得到显著提升,通过“小块变大块”,为规模经营创造了条件。

表 9-9 利用（经营）指标值分析

指标名称	整治前					整治后				
	诚忠村	祖全村	范沟村	南场村	合计	诚忠村	祖全村	范沟村	南场村	合计
地块分散度	1.22	1.50	1.46	1.37	1.36	0.81	1.45	1.24	1.61	1.31
沟渠密度/(m/hm²)	175.57	145.27	596.12	179.31	49.94	175.35	128.87	147.08	207.94	150.29
道路密度/(m/hm²)	53.41	117.35	101.35	68.49	83.10	53.34	117.35	91.09	79.42	86.39
规模经营比例	0	0	0	0	0	56.87%	6.93%	0	0	19.00%
流转比例（利用与经营层面）	0	8.29%	0	14.46%	7.00%	60.64%	8.29%	0	16.77%	21.00%
平均形状指数	1.82	1.83	1.80	1.85	1.83	1.54	1.80	1.82	1.85	1.72
斑块大小变异系数	64.11	80.66	54.19	81.00	69.99	380.48	243.52	54.19	234.48	228.17
斑块面积标准差	0.20	0.17	0.17	0.20	0.19	2.71	0.55	0.17	0.64	1.02
Shannon 均匀度指数	0.22	0.16	0.08	0.18	0.16	0.16	0.15	0.08	0.18	0.14
面积加权形状指数	1.33	1.35	1.31	1.35	1.34	1.97	1.47	1.31	1.44	1.55
面积加权分维数	1.40	1.46	1.40	1.45	1.43	1.41	1.46	1.40	1.46	1.43

司时,由于基础设施改良,耕作便利性得到提升,农民种地积极性增强,土地流转比例增加。由于整治后地块连片性增加,地块分散度降低,耕地变得更加规整。土地整治后,由于部分地块合并,出现了较大地块和小地块共存的现象,斑块面积变异系数和面积标准差均呈显著上升趋势。

经过指标赋权打分,土地整治前后项目区利用(经营)层面细碎化评价值分别为 69.1 和 69.5,整治前后指标计算结果对比见图 9-48。

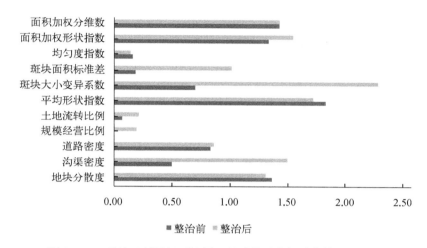

图 9-48　项目区利用(经营)层面整治前后指标计算结果对比图

注:由于沟渠密度、道路密度和斑块大小变异系数值过大,为了更好地表示出各指标的变化,对沟渠密度、道路密度和斑块大小变异系数值按缩小 100 倍计算。

9.3.2.5　综合评价

根据土地整治前后项目区资源、权属以及利用(经营)三个层面的评价得分,经综合计算,项目区整治前后耕地细碎化的综合评价值分别为 73.0 和 74.2。资源层面耕地细碎化程度改善最大,通过整治后,地块更加规整;由于未进行大面积土地权属调整,因而权属细碎化层次并无明显变化;在利用(经营)层面上,整治后田块集中连片,基础设施加强,农民种地积极性提升并培育出部分种粮大户和农业经营合作社,出现了较大面积的规模化种植,显著改善了项目区整体的耕地细碎化状况。

9.3.3　土地整治影响述评

通过对项目区资源层面、权属层面和利用(经营)层面各指标的计算,以及最终通过层次分析法得到的综合评价结果,得到以下认识。

1）资源层面,土地整治前评价得分为71.8,评价结果为中等;整治后评价得分为81.3,评价结果为良好。说明土地整治对项目区土地细碎化程度产生明显改善,主要体现在田块平均规模扩大及距田间基础设施距离的减小。

2）权属层面,由于该项目未进行大规模土地权属调整,所以整治前后评价得分变化不大,细碎化评价结果均为良好。

3）利用(经营)层面,土地整治前评价得分为69.1,评价结果为及格;整治后评价得分为69.5,评价结果已接近良好。主要体现在土地流转比率和规模经营比率的提高。

4）从综合评价结果看,综合评价值由73.0增加到74.2,项目区土地细碎化状态为一般,经过土地整治后有所提高,主要体现在资源层面细碎化的改善,但由于资源层面细碎化所占权重较低,所以综合评价结果变化不明显,需要从利用(经营)方面入手,进一步显化土地整治的效果。

9.4 基于苏北典型项目的分析

9.4.1 项目区概况

9.4.1.1 涟水县概况

涟水县地处苏北平原腹地,淮河下游,隶属于淮安市。位于北纬33°45′~34°05′、东经119°00′~119°35′,全县土地总面积165 360.92 hm²,总人口113.7万。涟水县东南以古淮河与阜宁县、淮安区分界,东北与响水、滨海两县毗邻,西南与淮安市区、淮阴区接壤。涟水县地处江苏沿海大开放、大开发的交叉地带,是华东地区重要的交通枢纽,已形成"水陆空铁"兼备的现代化立体交通体系,区位优势明显。

涟水县地势自西南向东北倾斜,大部分地面高程介于6~9 m,境内拥有湖荡洼地、平原坡地和沿河滩地等多种地貌类型。县域处于北亚热带和温带交界区,基本属于暖温带季风气候,年均气温14℃,月平均温度最高29.2℃,最低-0.4℃;全年日照2 418 h,年均无霜期213 d,≥0℃的积温为5 170℃;全境光照充足,气候温和,四季分明,雨水充沛,多年平均降水量为991.3 mm,雨日104 d,年均相对湿度77%。境内生态环境优越,光、热、水基本同季,适于农业综合发展。

全县土地总面积165 360.92 hm²。其中,农用地面积为132 666.18 hm²

，其中耕地面积 6 222.82 hm²，园地面积 26.02 hm²)，占总面积的 80.2%；建设用地 30 674.51 hm²，占总面积的 18.55%；未利用地 2 020.24 hm²，占总面积的 1.22%。基本农田保护面积 94 683.25 hm²，占耕地总面积的 57.26%。涟水县耕地自然质量等别介于四至六等之间，其中四等地所占比例最大，占全县耕地面积的 48%左右；其次是三等地，所占比例为 43.24%；再者是五等地，占耕地总面积的 6.82%；二等地和六等地所占比例较小，不足县域耕地面积的 2%。县内生物资源丰富，品种繁多，以种养生物资源为主，农作物主要种植水稻、小麦、大豆、蔬菜等，经济性作物主要种植梨、葡萄等，另外，还有鸡、鸭、鹅、猪、牛等家禽家畜。

涟水县经济发展在淮安市处于上等水平，在全省 106 个县中经济排名列第 83 位，是全国商品粮生产基地县、全国平原绿化百强县、江苏省省级生态家园示范县。2015 年，涟水县经济社会保持了平稳健康发展的良好态势。经济发展稳中求进。全年完成地区生产总值 340.87 亿元、上划财政收入 5.37 亿元、一般公共预算收入 33.32 亿元。近年来，涟水县城乡建设强势推进，实施了一批重点城建项目和交通项目，同时大力开展村庄环境整治，农村人居环境不断提升。全县户籍总人口 114.97 万人，其中乡村人口 42.51 万人，城镇总人口达 42.17 万人，全县城市化水平达 49.8%；2015 年全县人均国内生产总值 40 290 元，全县农业总产值 75.72 亿元。

9.4.1.2 项目区概况

涟水县南集镇王圩等村高标准基本农田土地整治项目系江苏省国土资源厅 2014 年批准实施的省以上投资土地整理项目。项目区位于涟水县南集镇，地处北纬 33°43′44″~33°46′14″，东经 119°24′45″~119°26′40″，涉及南集镇王圩村、皂角村和范荡村三个行政村，建设规模 664.53 hm²。项目区位置示意见图 9-49。

项目区属黄泛冲积平原，地势平坦开阔，大部分高程在 5.6~7.3 m，总体呈西高东低。项目区所在地区多年平均气温 14℃，气温年际变化较大，最热月为 7 月，平均气温达 27.1℃，其中极端最高气温达 39.1℃(1966 年 7 月 8 日)；最冷月为 1 月，平均气温为 0.2℃，其中极端最低气温-20.9℃(1969 年 2 月 6 日)，昼夜温差一般 8~10℃。项目区所在地光照比较充足，全年平均日照时数为 2 418 h，日照百分率为 56%，比江淮和苏南地区多 200~350 h。全年无霜期平均为 213 d，初霜期为 10 月 31 日，终霜期为 3 月 31 日。

项目区多年平均降水量为 981.3 mm，但年际和季节之间分配不均，年际变化较大，最大年降水量为 1 426.6 mm(1965 年)与最少年 626.2 mm(1981 年)相

图例

公路用地	村庄
有林地	果园
其他园地	水工建筑用地
其他林地	水田
其他草地	沟渠
内陆滩涂	河流水面
农村道路	田坎
坑塘水面	设施农用地
建制镇	采矿用地
旱地	风景名胜及特殊用地

上圩村

N

0　200　400 m

图 9-49　项目区概况图

差一倍以上。年内降水也不均,6~9 月降水量占全年总降水量的 70%左右。多年平均蒸发量 1 415.9 mm,为全年降水量的 1.44 倍。

项目区耕地自然质量等别主要介于三等和四等之间。土壤为黄泛沉积母质发育起来的黄潮土,土壤层次分化不明显,水沉层理清晰,土层质地分明,土体富含碳酸钙。土壤类型以壤土为主,土壤有机质平均含量为 9.32 g/kg,全氮含量 0.704 g/kg,速效磷 6.61 mg/kg,速效钾 122.72 mg/kg,土壤养分含量不高,肥力相对较差。

项目区以种植业为主,常年种植水稻、小麦、大豆等农作物。整治前项目区水稻亩均产量 500 kg／亩，小麦亩均产量 400 kg／亩，大豆亩均产量 120 kg／亩。

9.4.2 整治前后耕地细碎化变化

土地整治前后项目区田块变化情况见图 9-50。通过对项目区各村组土地确权鱼鳞图的全面收集，以"二调"图为基础，结合遥感影像，在 ArcGIS 中对各农户拥有的所有田地进行数字化，并添加权属字段，分别得到资源图层和权属图层；根据调研所获得的种粮大户、家庭农场、专业公司及合作社的信息，经过叠加套合，得到利用与经营图层。通过村组户籍统计资料，配合宅基地位置图，确定各户宅基地。

经统计，项目区共有耕地 355.02 hm²，涉及农户 634 户，共有 2 702 个地块图斑，其中有 197 个地块经过了流转。其中，皂角村有地块图斑 1 186 个，290 户（4 个为种粮大户，共耕种土地 42.13 hm²，其余都为一般农户家庭种植）；王圩村有地块图斑 1 516 个，344 户，有 193 个地块已流转。

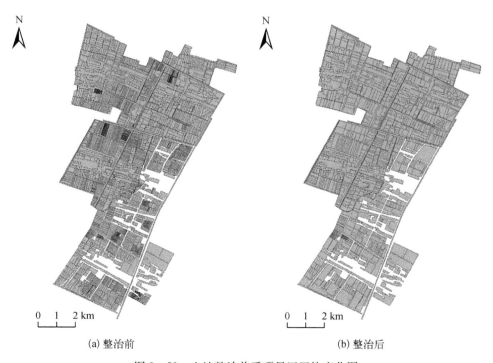

(a) 整治前   (b) 整治后

图 9-50　土地整治前后项目区田块变化图

9.4.2.1　指标统计分析

根据表9-2确定的指标体系,通过计算得到项目区土地整治前后各项指标值,相关指标值的统计描述见表9-10。土地整治前后项目区地块形状指数,其中皂角村只有中位数变化较大,由2.33变为1.92;而王圩村的最大值、中位数、平均数、标准差变化明显,分别由10.40、2.20、2.54、1.03变为4.72、1.81、1.94、0.39。土地整治前后项目区地块规模,皂角村、王圩村的最大值、最小值、中位数、平均数、标准差变化明显。土地整治前后项目区距最近灌溉设施距离,皂角村、王圩村的最大值、最小值、中位数、平均数、标准差变化明显。土地整治前后项目区距最近道路的距离,皂角村的中位数、平均数、标准差变化明显,分别由160.51、186.40、119.06变为120.16、144.28、106.36;王圩村的最大值、最小值、中位数、平均数、标准差变化明显,分别由374.84、3.42、105.63、123.62、82.78变为224.05、0.53、57.53、66.55、45.80。土地整治前后项目区斑块数量、平均斑块规模、面积变异系数、最近耕作距离、流转比率、机械化比率均没有变化。土地整治前后项目区设施农用地比率,皂角村的最大值、平均数、标准差变化明显,分别由100%、5.52%、12.59%变为64.30%、4.27%、9.92%。王圩村的平均数和标准差变化明显,分别由0.89%、8.30%变化为5.98%、23.26%。土地整治前后项目区经济作物比率,皂角村的最大值、平均数和标准差变化明显,分别由100%、5.76%、12.59%变化为47.61%、2.11%、7.34%;王圩村只有平均值变化明显,由14.85%变化为33.59%。

9.4.2.2　资源指标分析

(1)指标评价

a.地块形状指数

土地整治前,项目区地块形状指数的最大值为11.38,最小值为1.57,平均值为2.50,中位数为2.26,标准差为0.91;土地整治后的最大值为11.38,最小值为1.57,平均值为2.02,中位数为1.85,标准差为0.58。土地整治前后地块形状指数变化情况见图9-51。

b.地块规模

土地整治前,项目区田块个数为2 702个,地块规模最大值为47 621.81 m²,最小值为69.99 m²,中位数为1 240.26 m²,标准差为2 064.97,平均规模为1 627.14 m²;整治后田块个数1 074个,地块规模最大值为58 852.40 m²,最小值为101.01 m²,中位数为2 823.86 m²,标准差为4 767.76,平均规模为4 093.61 m²。土地整治前后地块规模变化情况见图9-52。

表 9-10 整治前指标值统计描述表

序号	指标名称	最大值		最小值		中位数		平均数		标准差	
		皂角村	王圩村	皂角村	王圩村	皂角村	王圩村	皂角村	王圩村	皂角村	王圩村
1	地块形状指数	11.38	10.40	1.57	1.57	2.33	2.20	2.15	2.54	0.73	1.03
2	地块规模	47 621.81	16 210.76	69.99	83.63	1 047.48	1 402.55	1 496.70	1 729.19	2 685.37	1 392.13
3	距最近灌溉设施的距离/m	1 498.47	640.35	20.36	1.51	727.46	123.73	709.35	159.11	387.12	128.54
4	距离最近道路的距离/m	518.98	374.84	4.22	3.42	160.51	105.63	186.40	123.62	119.06	82.78
5	斑块数量	8	8	1	1	3	3	3.74	3.24	1.81	1.49
6	平均斑块规模/m²	3 456.26	7 470.00	70	322.92	1 125.47	1 490.79	1 212.77	1 739.79	601.59	971.43
7	面积变异系数	4.91	8.06	0.02	0.01	0.69	0.47	0.79	0.64	0.59	0.77
8	最近耕作距离/m	150.57	102.12	12.41	9.85	46.44	43.69	53.86	46.82	24.23	16.68
9	流转比率(权属层面)	100	100	0	0	0	0	30.27	9.77	36.19	20.29
10	设施农用地比率	100	100	0	0	0	0	5.52	0.89	12.59	8.30
11	经济作物比率	100	100	0	0	0	0	5.76	14.85	14.91	35.04
12	机械化比率	100	100	0	0	0	100	2.66	84.21	9.77	34.94
13	地块分散度	—	—	—	—	—	—	—	—	—	—
14	沟渠密度/(m/hm²)	—	—	—	—	—	—	—	—	—	—
15	道路密度/(m/hm²)	—	—	—	—	—	—	—	—	—	—
16	规模经营比例	—	—	—	—	—	—	—	—	—	—
17	流转比例(利用与经营层面)	—	—	—	—	—	—	—	—	—	—
18	平均形状指数	—	—	—	—	—	—	—	—	—	—
19	斑块大小变异系数	—	—	—	—	—	—	—	—	—	—
20	斑块面积标准差	—	—	—	—	—	—	—	—	—	—
21	Shannon 均匀度指数	—	—	—	—	—	—	—	—	—	—
22	面积加权形状指数	—	—	—	—	—	—	—	—	—	—
23	面积加权分维数	—	—	—	—	—	—	—	—	—	—

表 9-11 整治后指标值统计描述表

序号	指标名称	最大值		最小值		中位数		平均数		标准差	
		皂角村	王圩村	皂角村	王圩村	皂角村	王圩村	皂角村	王圩村	皂角村	王圩村
1	地块形状指数	11.38	4.72	1.58	1.57	1.92	1.81	2.15	1.94	0.77	0.39
2	地块规模	58 852.40	16 793.99	101.01	218.67	2 075.86	3 307.12	4 196.43	4 026.80	6 633.78	2 990.39
3	距最近灌溉设施的距离/m	427.82	297.70	2.79	0.02	105.58	50.79	123.61	64.67	92.91	51.62
4	距离最近道路的距离/m	518.98	244.05	4.33	0.53	120.16	57.53	144.28	66.55	106.36	45.80
5	斑块数量	8	8	1	1	3	3	3.74	3.24	1.81	1.49
6	平均斑块规模/m²	3 456.26	7 470.00	70	322.92	1 125.47	1 490.79	1 212.77	1 739.79	601.59	971.43
7	面积变异系数	4.91	8.06	0.02	0.01	0.69	0.47	0.79	0.64	0.59	0.77
8	最近耕作距离/m	150.57	102.12	12.41	9.85	46.44	43.69	53.86	46.82	24.23	16.68
9	流转比率（权属层面）	100	100	0	0	0	0	30.27	9.77	36.19	20.29
10	设施农用地比率	64.30	100	0	0	0	0	4.27	5.98	9.92	23.26
11	经济作物比率	47.61	100	0	0	0	21.09	2.11	33.59	7.34	34.47
12	机械化比率	100	100	0	0	0	100	2.66	84.21	9.77	34.94
13	地块分散度	—	—	—	—	—	—	—	—	—	—
14	沟渠密度/（m/hm²）	—	—	—	—	—	—	—	—	—	—
15	道路密度/（m/hm²）	—	—	—	—	—	—	—	—	—	—
16	规模经营比例	—	—	—	—	—	—	—	—	—	—
17	转比例（利用与经营层面）	—	—	—	—	—	—	—	—	—	—
18	平均形状指数	—	—	—	—	—	—	—	—	—	—
19	斑块大小变异系数	—	—	—	—	—	—	—	—	—	—
20	斑块面积标准差	—	—	—	—	—	—	—	—	—	—
21	Shannon 均匀度指数	—	—	—	—	—	—	—	—	—	—
22	面积加权形状指数	—	—	—	—	—	—	—	—	—	—
23	面积加权分维数	—	—	—	—	—	—	—	—	—	—

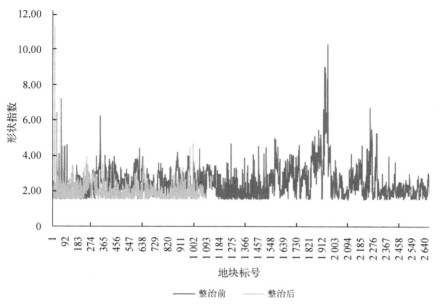

图 9-51 项目区地块形状指数折线图

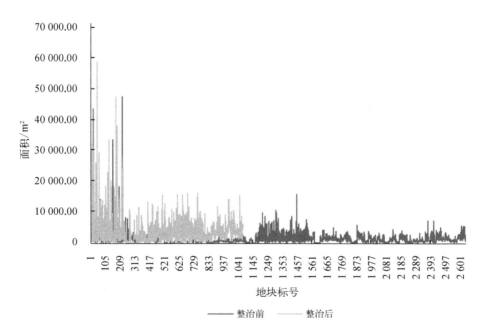

图 9-52 项目区地块规模折线图

c. 距最近灌溉设施的距离

土地整治前,项目区地块距最近灌溉设施距离的最大值为1 498.47 m,最小值为1.51 m,平均值为400.63 m,中位数为243.45 m,标准差为386.79;整治后的最大值为427.82 m,最小值为0.02 m,平均值为87.88 m,中位数为64.35 m,标准差为76.41。土地整治前后距最近灌溉设施距离的变化情况见图9-53。

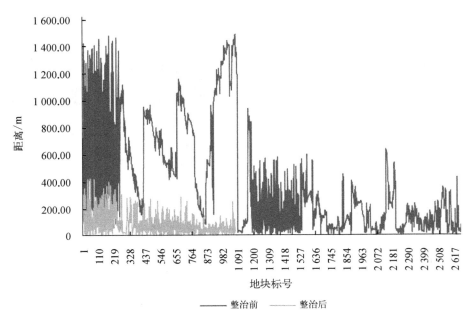

图9-53 项目区地块距最近灌溉设施距离折线图

d. 距离最近道路的距离

土地整治前,项目区地块距最近道路距离的最大值为518.98 m,最小值为3.42 m,平均值为151.17 m,中位数为129.27 m,标准差为105.04;整治后的最大值为518.98 m,最小值为0.53 m,平均值为97.17 m,中位数为70.34 m,标准差为84.64。土地整治前后地块距最近灌溉设施距离的变化情况见图9-54。

(2)资源层面综合评价

经过土地整治,项目区内平均地块规模呈现扩大趋势,由整治前的1 627.14 m²扩大到整治后的4 093.61 m²;地块形状指数由整治前的2.50降低到2.02,表明通过土地平整工程和农田水利基础设施的配套完善,地块形状更加规整,有利于提高耕作效率。

土地整治前,项目区基础设施不甚配套,沟渠长度为86.3 km,道路长度为

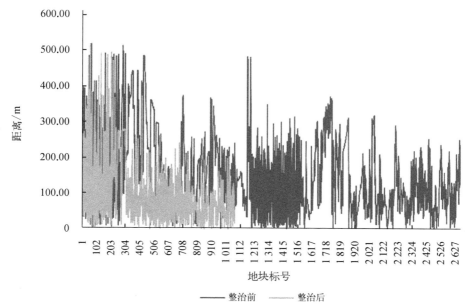

图 9-54　项目区地块距最近道路折线图

31.2 km;土地整治后沟渠长度为 91.7 km,道路长度为 65.4 km。项目区内地块距最近灌溉设施的平均距离由土地整治前的 400.63 m 降低到整治后的 87.88 m;地块距最近道路的距离,由土地整治前的 151.17 m 降低整治后的 97.17 m。表明土地整治后耕地集中连片程度提高,田间灌溉设施的有效性和道路通达度得到明显提升。经过指标赋权打分,土地整治前后项目区权属层面细碎化综合评价结果分别为 67.1 和 75.5,地块尺度的评价结果见图 9-55。

9.4.2.3　权属指标分析

（1）指标评价

因资料限制,项目区土地整治前的土地权属状况不明,土地整治前后村域尺度下农户权属均未作调整,因而认定整治前后变化较小或没有变化。

a. 斑块数量

农户尺度下,项目区内单个农户所拥有耕地斑块数量的最大值为 8 个,最小值为 1 个,平均值为 3.43 个,中位数为 3 个,标准差为 1.64。项目区斑块数量分布状况见图 9-56。

b. 平均斑块规模

项目区内耕地斑块的平均规模最大值为 7 470.00 m²,最小值为 69.99 m²,平均值为 1 538.26 m²,中位数为 1 365.02 m²,标准差为 886.49。项目区平均斑块规模分布状况见图 9-57。

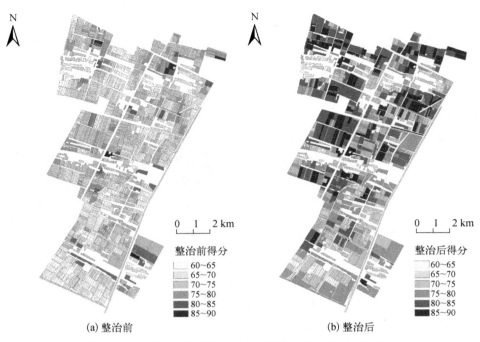

图 9-55　项目区资源层面综合评价得分整治前后对比图

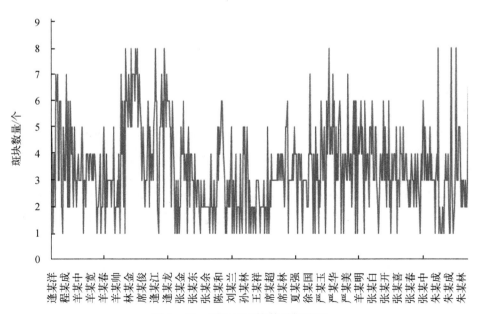

图 9-56　项目区斑块数量折线图

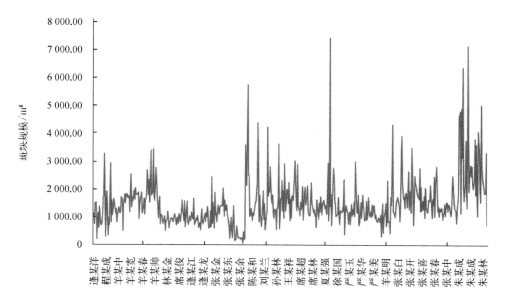

图 9 - 57　项目区平均斑块规模折线图

c. 面积变异系数

项目区耕地斑块面积变异系数的最大值为 8.06,最小值为 0.01,平均值为 0.70,中位数为 0.54,标准差为 0.71。项目区耕地斑块面积变异系数变化情况见图 9 - 59。

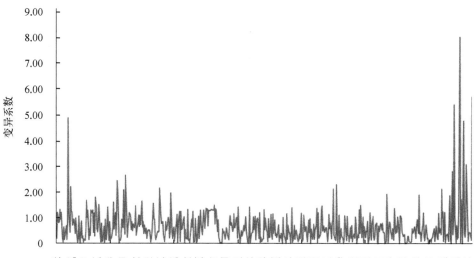

图 9 - 58　项目区面积变异系数折线图

d. 最近耕作距离

项目区内农户距离最近耕地斑块耕作距离的最大值为 150.57 m,最小值为 9.85 m,平均值为 49.51 m,中位数为 45.36 m,标准差为 20.18。项目区最近耕作距离分布状况见图 9-59。

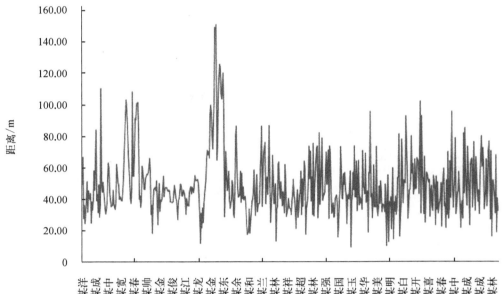

图 9-59 项目区最近耕作距离折线图

e. 流转比率(权属层面)

项目区内耕地流转比率的最大值为 100.00%,最小值为 0,平均值为 17.61%,中位数为 0,标准差为 29.20。项目区地块流转比率(权属层面)分布状况见图 9-60。

f. 设施农用地比率

项目区内设施农用地占地面积比率的平均值,土地整治前为 2.26%,整治后为 5.32%。项目区土地整治前后设施农用地比率变化状况见图 9-61。

g. 经济作物比率

项目区内经济作物比率的平均值,土地整治前为 11.38%,整治后为 23.62%。项目区土地整治前后经济作物比率的变化情况见图 9-62。

h. 机械化比率

项目区农业生产机械化率平均值为 53.02%,具体情况见图 9-63。

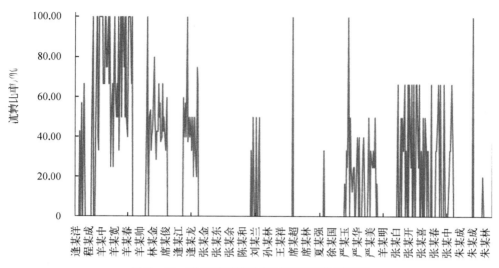

图 9-60 项目区流转比率(权属层面)折线图

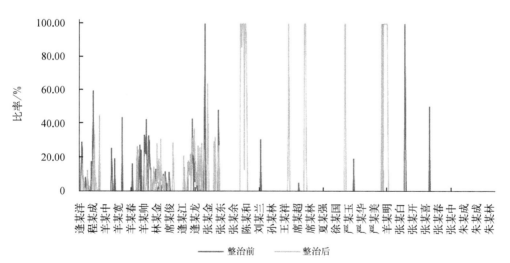

图 9-61 项目区设施农用地比率折线图

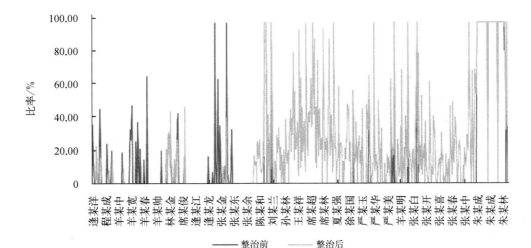

图 9 - 62　项目区经济作物比率折线图

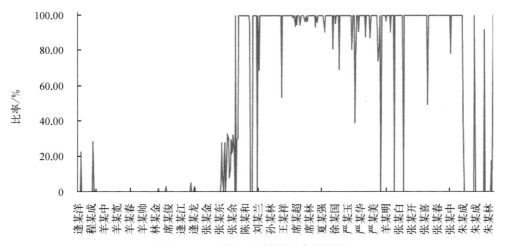

图 9 - 63　项目区机械化比率折线图

（2）权属层面综合评价

项目区内共有耕地 557.17 hm²，共有 2 702 个地块，其中确定权属的有 557 个农户。拥有最多地块数量的农户一家拥有 8 块地，拥有最少地块数量的农户一家仅有 1 块地，按农户所拥有的地块数量进行阶梯分布，地块数量在 2~3 块的农户数量最多。尽管农户地块数量不尽相同，但多数农户拥有的地块数都在 3~4 块，对于农户一家平均拥有三四块地的情况来看，耕地权属细碎化明显，改善耕地细碎化状态的潜力较大。

项目区耕地斑块面积最大值为 7 479 m²,最小为 69.99 m²,多数农户拥有的地块规模在 1 538.26 m² 左右。由于项目区未进行全面的土地权属的调整,整治前后农户经济作物比率、机械化率变化较小。当前项目区土地流转比率为 17.61%,平均机械化率为 53.02%。但设施农业和多种经营发展尚不充分,设施农用地比率仅为 2.26%,经济作物比率为 11.38%。

经过指标赋权打分,土地整治前后项目区权属层面细碎化综合评价结果分别为 73.2 和 738,地块尺度的评价结果见图 9-64。

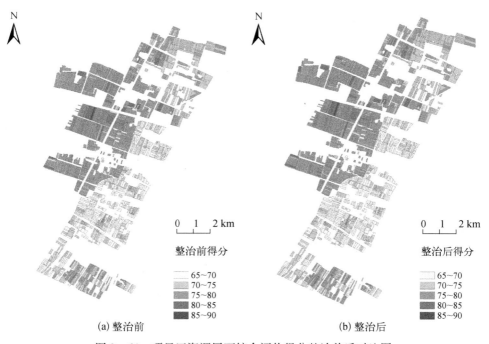

图 9-64 项目区资源层面综合评价得分整治前后对比图

9.4.2.4 利用指标分析

(1)指标评价

根据表 9-2 确定的指标体系,通过计算得到项目区利用(经营)细碎化各指标分析结果,见表 9-12。指标分析结果表明,地块分散度由整治前的 2.33 降低到整治后的 1.64;沟渠密度、道路密度分别由整治前的 208.48、87.86 上升到整治后的 243.22、148.71 m/hm²;规模经营比例和流转比例(利用与经营层面)分别由整治前的 0 和 4% 上升到整治后的 10% 和 13%;斑块变异系数由整治前的 129.91 上升到整治后的 290.39;斑块面积标准差由整治前的 0.20 上升到整治后的 0.59;整治前后 Shannon 均匀度指数保持不变,均为 0.93;面积加权形状指数由整治前的 1.74 上升到整治后的 1.78；面积加权分维数由整治前的 1.46 降低到整治后的 1.43。

表 9 - 12 利用（经营）指标值分析表

指 标 名 称	整治前			整治后		
	皂角村	王圩村	合计	皂角村	王圩村	合计
地块分散度	1.89	1.74	2.33	1.59	1.67	1.64
沟渠密度/(m/hm²)	25.55	312.09	208.48	55.79	311.76	243.22
道路密度/(m/hm²)	37.15	93.83	87.86	230.00	93.73	148.71
规模经营比例	0.00	0.00	0.00	0.20	0.04	0.10
流转比例（利用与经营层面）	0.00	0.06	0.04	0.24	0.06	0.13
平均形状指数	2.17	2.28	2.17	1.91	2.14	2.05
斑块大小变异系数	179.34	80.48	129.91	406.42	174.36	290.39
斑块面积标准差	0.27	0.14	0.20	0.85	0.33	0.59
Shannon 均匀度指数	0.98	0.88	0.93	1.00	0.86	0.93
面积加权形状指数	1.81	1.68	1.74	1.95	1.61	1.78
面积加权分维数	1.46	1.46	1.46	1.43	1.44	1.43

（2）利用（经营）层面综合评价

根据表 9 - 12，其利用（经营）指标结果统计见图 9 - 65。土地整治前项目区耕地细碎化问题突出，沟渠密度、道路密度均较小，土地流转和规模经营比例均

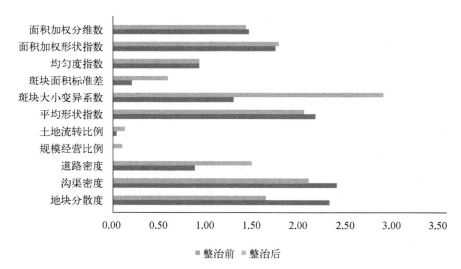

注：由于沟渠密度、道路密度和斑块大小变异系数值过大，为了更好地表示出各指标的变化，对沟渠密度、道路密度和斑块大小变异系数值按缩小 100 倍计算。

图 9 - 65 项目区利用（经营）层面整治前后指标计算结果对比图

较低。经过土地整治,沟渠密度得到显著提升,通过"小块变大块",为规模经营创造了条件。同时,由于基础设施改良,耕作便利性得到提升,农民种地积极性增强,土地流转比例增加。由于整治后地块连片性增加,地块分散度降低,耕地变得更加规整。土地整治后,由于部分地块合并,出现了较大地块和小地块共存的现象,斑块面积变异系数和面积标准差均呈显著上升趋势。

经过指标赋权打分,土地整治前后项目区利用(经营)层面细碎化评价值分别为 65.9 和 66.7,整治前后指标计算结果对比见图 9-65。

9.4.2.5 综合评价

根据土地整治前后项目区资源、权属、利用(经营)三个层面的评价得分,经综合计算,项目区整治前后耕地细碎化的综合评价值分别为 68.1 和 69.4。资源层面耕地细碎化程度改善最大,通过整治后,地块更加规整;由于未进行大面积土地权属调整,因而权属细碎化层次并无明显变化;在利用(经营)层面上,整治后田块集中连片,基础设施加强,农民种地积极性提升并培育出部分种粮大户和农业经营合作社,出现了较大面积的规模化种植,显著改善了项目区整体的耕地细碎化状况。

9.4.3 土地整治影响述评

通过对项目区资源层面、权属层面和利用(经营)层面各指标的计算,以及最终通过层次分析法得到的综合评价结果,得到以下认识。

1)资源层面,土地整治前评价得分为 67.5,评价结果为及格;整治后评价得分为 75.5,评价结果为良好。说明土地整治对项目区土地细碎化程度产生了明显改善,主要体现在田块平均规模扩大及距田间基础设施距离的减小。

2)权属层面,由于该项目未进行大规模土地权属调整,所以整治前后评价得分变化不大,细碎化评价结果均为良好。

3)利用(经营)层面,土地整治前评价得分为 65.9,评价结果为及格;整治后评价得分为 66.7,评价结果虽有上升但仍为及格。说明经过土地整治后项目区利用(经营)土地细碎化得到一定的改善,但未将利用(经营)层面土地细碎化问题解决,增加值主要体现在土地流转比率和规模经营比率的提高。

4)从综合评价结果看,综合评价值由 68.4 增加到 69.4,项目区土地细碎化状态为一般。经过土地整治后有所提高,主要体现在资源层面细碎化的改善,但由于资源层面细碎化所占权重较低,所以综合评价结果变化不明显,需要从利用(经营)方面入手,进一步显化土地整治的效果。

9.5 项目区尺度耕地细碎化治理讨论及建议

9.5.1 项目区尺度耕地细碎治理效果讨论

由地块分散、田块面积狭小等导致的土地细碎化问题,造成了耕作不便,难以形成有效的规模化经营,增加了农业生产成本,降低了农业产出效率和农业经济收入,给农业生产带来诸多影响,具体表现如下。

1)土地细碎化降低了农业生产效率。农户所拥有的地块过于分散,连片土地较少,使得农户在耕作期间需要将大量时间浪费在交通运输上;传统的耕作方式造成投入成本加大、收入降低,使农民难以从土地规模经营中得到实惠。这导致农民种地积极性下降,不利于社会稳定和粮食自给政策的实行与粮食安全的保障。

2)在实行家庭联产承包责任制之后,要求"耕者有其田",基于公平公正的原则,承包地块按照人口多少和质量差异进行均分,导致户均经营面积过小且分散无序。为了明晰自己的地块,农户必然要拿出一部分土地用作边界的划分,导致有效生产耕地减少,在一定程度上造成耕地浪费。此外,存在这样的边界,不仅导致田间管理的困难,而且加剧了因边界造成的人际摩擦。

3)由于耕作地块细碎,机械在不同地块转移困难,抑制了农业生产对先进机械的采用,同时造成了农业成本加大、收入降低,形成农业生产规模和机械化之间的现实矛盾,使得农民对农用机械的使用率降低,不利于未来新型农业生产模式的推广。

4)土地细碎化导致田块数量多,且地块周边权属复杂,为了灌溉方便,每一户都会建立自己的泵站,这样就造成了农业总体成本的加大,而且泵站所占的土地面积也造成了耕地资源的浪费。由于泵站数目的密集而多,极大的浪费了水资源,不利于农业可持续发展。

经过土地整治后,相关问题得到了改善,并且在资源层面、权属层面、利用(经营)层面取得了良好效果,在一定程度上降低了耕地细碎化带来的负面影响,具体成果如下。

1)在资源层面,土地整治对资源层面的细碎化改善尤为显著,具体表现在整治前后田块平整度得到显著提升,田块设施配套更加完善,田块规模变得相对均匀,有利于大规模机械化作业。一些农民愿意把土地流转给种粮大户,更加符合规模经营的理念,有利于提高经济效益。

2)在权属层面,目前土地整治项目为了减少或降低实施中的难度,一般很涉及大规模的土地权属调整。从项目实施效果看,土地整治涉及的权属调整多为工程设施(道路、沟渠等)造成的压占调整或者新增耕地的权属分配,总体而言数量有限。

3)在利用(经营)层面,通过农田水利基础设施建设,项目区沟渠密度和道路密度显著提升,基础设施的改良使得农户耕作变得更加方便,农民种地的积极性得到提升,为村内土地流转创造了条件,促进了土地规模经营。由于整治后地块相对连片,地块分散度显著降低,地块形状变得更加规整。但是,新型城镇化和工业化的快速发展带来农村青壮年劳动力大量从农村流出,使得农业有效劳动力不断减少,不仅降低了农业生产过程中劳动力分配的灵活性,也分散了农户管理农业生产的时间和精力。人口老龄化的出现也造成种粮大户与小户种植者的年龄多数在55~70岁,妨碍了农户采用农业新技术和管理技能,也不利于农业效益和效率的提高。

9.5.2 项目区尺度加强耕地细碎化治理的建议

1)加快推进土地整治工作。一方面,从"田、水、路、林、村"层面进行土地综合整治,挖掘土地生产潜力,增加耕地面积,提高机械化水平,改善田块破碎局面,配套农田基础设施,建设高标准农田,促进耕地规模化经营,完成美丽乡村、生态文明建设、助推扶贫攻坚和城乡统筹发展,彰显土地整治"1+N"效应;另一方面,注重农户地权的整合和地块的调整或置换,扩大农民单位耕作面积,充分发挥土地整治平台作用。此外,在土地整治过程中,应注重扩大公众参与度,不仅有助于实现从根本上满足农户农业生产需求的目标,也有利于土地整治工作的顺利实施。

2)积极适度推进土地流转。在土地流转中首先要明确土地产权,为土地整理中的地块互换、权属调整奠定坚实的基础;建立农村土地使用权流转市场中介组织,发挥市场机制在农村土地资源再配置中的基础作用;制定相关的法律法规,规范土地规模经营。对于进城务工等不耕种土地但又不愿放弃土地的农户,鼓励其利用土地流转市场转让或租赁给其他农户,减轻耕地细碎化程度。尊重农民主体地位,保护农民合法权益是基本前提,完善和健全土地承包经营权自愿流转制度,促进土地流转和规模经营,有效改善耕地细碎化趋势。

3)耕地权属应适当调整。虽然,一些地区要求坚持稳定农村土地承包关系长久不变。农村土地流转不得改变农村土地家庭承包经营制度,不得借流转之机将承包地打乱重分。但是,整治土地必然会将承包地打乱重分。目前各地开展的土地确权,依然将每户的承包经营耕地标明地块地理位置和"四至",承包经营权和具体的耕地依然紧密结合在一起,今后调整经营权依然要面对耕地地块的划分,耕地依然存在进一步细碎化的可能。当前应进一步探讨"权地分离",即农户的承包权和经营权长期不变,但具体的耕地位置可以灵活变动。

10 江苏省耕地细碎化整治建议

10.1 江苏省耕地细碎化整治目标

伴随社会经济的发展及城镇化、工业化进程的推进,面对耕地和基本农田保护压力持续加大、建设用地供需矛盾不断加剧以及资源环境约束日益趋紧的国土资源利用挑战,在科学发展、节约高效等原则的指导下,《江苏省"十三五"国土资源保护和利用规划》提出了严格保护耕地资源、提高资源节约集约利用水平、促进农业现代化、新型城镇化和生态文明建设等的国土资源可持续利用目标。耕地细碎化作为制约我国实现规模农业、现代农业发展的主要障碍之一,细碎化整治是进一步促进城乡区域协调发展、生态环境质量明显改善的有效抓手,对推进农业现代化进程、保障国家粮食安全、推动生态文明建设等具有重要意义(冯广京等,2013)。

现阶段耕地细碎化整治应在对各地区耕地资源状况与空间分布格局深入认识的基础上,对不同自然条件、社会与经济发展背景下所存在的资源规模较小、空间分布分散等耕地细碎化问题提出相应的改造措施与整治建议,助力国家规模化、现代化农业发展(邱书钦,2017)。在此过程中,需加快推进高标准农田建设,优化基本农田结构布局、完善基本农田基础设施,推进耕地保护数量、质量和生态三位一体。通过加大耕地细碎化的整治力度,强化闲置、低效农村建设用地整治,统筹乡村土地利用,优化农村居民点布局,进而夯实农业现代化基础。

10.2 江苏省耕地细碎化整治措施途径

10.2.1 加强耕地细碎化治理的整体性认识

耕地细碎化治理的首要问题就是要对其进行全面、整体的认识,对耕地细碎化的认识不仅要对其形成机制和内涵进行全面分析,更需要对其治理机制进行统一、深入、全方位的把握,促使各个治理主体形成治理共识,从而保证在共识基础上的行动有效落实。

在此过程中,政府应对区域耕地细碎化问题的整体性认识占据主导作用,特别是对于其治理途径的考量。在依据宏观尺度下耕地资源规模特征、空间分布格局及生产利用便利程度的基础上,为因地制宜地识别区域耕地资源问题、引导区域土地整治分区、确定重点整治方向奠定基础。同时,为微观尺度下的耕地细碎治理实践提供规划引导作用。此外,项目实施管理者也应加强对土地整治工程重要性的认知,并根据农户需求进行权属调整、田块归并,有效通过耕地整理减轻耕地细碎化程度。

10.2.2 完善耕地细碎化治理的法律法规

现阶段,我国保障和支持土地流转的政策法规仍较为缺乏,容易出现集体或农民利益受损的现象,造成农民进行农地流转的积极性不高,阻碍了土地规模经营的进程。应从法律上明确土地承包权的归属,对转入城镇工作生活并纳入城镇社会保障体系的农民,或自愿放弃土地的农民,依法解除承包合同,收回承包土地,由集体经济组织转包给其他农户或外来承包者,收益可用于集体公益事业(李树生,2011);在耕地分配过程中,应尽量避免对耕地的再分割,对于每一农户而言,应尽量使其所有的地块集中起来;承包经营耕地的组织或个人,应严格保护集体耕地资源,在农地流转过程中,不得擅自改变集体土地的农业用途,切实做到科学合理利用耕地。建立和完善农村社会保障制度,通过弱化农民对土地的依赖性,促进农村剩余劳动力的转移,进而缓解耕地细碎化现象,推进农地流转和适度规模经营进程(石迪迪,2013)。

在建立和完善农村社会保障制度方面,应把握以下重点:一要建立最低生活保障、合作医疗、养老保险等一体化的农村社会保障体系,真正做到让农民放心,解除农民转出土地的后顾之忧;二要建立个人缴费、集体补助、国家补贴相结合的多种形式的医疗保险制度;三要努力构建城乡之间社会保障制度的衔接渠道(陈春苗,2012)。

10.2.3 规范土地流转市场

在土地流转中首先要明确土地产权,为土地整治中的地块互换,权属调整奠定坚实的基础;不断完善农地承包经营权流转的政策,加强农地承包经营权流转的中介组织建设,发挥市场机制在农村土地资源再配置中的基础作用;健全农村社会保障制度,促进农地承包经营权合法、有效流转,实现城乡社会的和谐发展;

制定相关的法律法规,规范土地规模经营(杨敏等,2016)。对于进城务工等不耕种土地但又不愿放弃土地的农户,鼓励其利用土地流转市场转让或租赁给其他农户,减轻耕地细碎化程度。尊重农民主体地位,在保护农民合法权益的基本前提下,完善和健全土地承包经营权自愿流转制度,促进土地流转和规模经营,有效改善耕地细碎化趋势。此外,应加大宣传力度,增加专业合作社的社员总量,充分发挥合作社对农民农业生产的带动服务作用,提高农民农业生产的组织化程度,使分散的小农生产集中组织起来,为农户提供良种、信息、信贷资金、防疫、加工、销售和管理等,统一农产品生产技术标准,一体化经营管理,为农业生产提供全方位的服务和管理,逐步推进农业适度规模经营(王秀清等,2012)。

10.2.4 适时进行土地权属调整

土地权属调整是农地整治过程中的重要环节之一,应充分发挥基层组织作用,地方政府与村委会应积极引导和协调,按照自愿协商、等量互换、等质替代等原则,在村组及农户之间进行土地置换,通过适当权属调整,使农户分散的地块尽量集中,便于经营管理,以有效解决细碎化问题(陈春苗,2012)。部分地方已经开始尝试进行制度探索,如广西龙州采用"农民自愿,政府引导,企业介入"的方式,农户为发起者,自发通过"一事一议"组织开展"小块并大块"工作,政府引导企业入驻。按照申请登记、组织实施、申请奖补、组织评定、下达奖补资金5个步骤进行。其中申请和实施整治的主体为开展耕地整治的村委会或村民小组,组织评定的主体由国土资源、农业、财政等部门组成。对整治土地达成要求的政府给予相应的奖励。龙州"小块并大块"的内动力充足,有效解除了当地政府处理农民土地权属调整难的问题,成效十分显著。又如江苏射阳,采用"农户+合作社经营"模式。按照农户自愿的原则,由村组统一组织,以打桩等形式确定界址,破除田埂,将碎片化的农地集中起来,实现有组织的连片种植,再由服务组织提供专业化服务,推进农业生产联耕联种、联管联营,实现"增面积、降农本、促还田、添地力、提单产、升效益"的新型生产方式。此外,还有湖北沙洋,采用按户连片方式,推行"按户连片+确权登记"工作。按照土质好坏、位置远近、水源条件等把组内土地划为若干片,对相对较差的片区采取土地面积折算的办法,分组实施土地丈量工作,对每块地编制地名、确定面积后汇编成册,对抗旱设备使用等一系列问题形成决议。通过抓阄的方式确定各户承包地位置,之后按照应承包面积(按照户籍人口计算)确定具体地块界限。抓到承包地位置编号后有不如意的,农户间可于当天自行协商交换。各户签字确认后,办理土地承包经营权证。大多数农户实现了"一户一片田"。

10.3 江苏省耕地细碎化利用提升建议

10.3.1 发展二三产业提供非农就业机会

农户是农村土地使用权流转中的主要供给者,其经济行为和意愿受其经济理性或家庭资源配置合理化支配,追求效用或效益最大化是农地流转的内在经济动力。要使农户转出其赖以生产的土地,必须要有高于农户经营土地收益的其他替代性活动,二三产业的迅速发展是农地流转的外在经济动力(孔融融,2011)。加快发展二三产业,加强农民的职业培训,提高农民的素质和非农就业能力,为农民提供更多的就业机会,增加非农收入的稳定性,提高农民非农收入的比例,促进农业劳动力的转移,是推进农地使用权流转的重要措施(陈灵肖,2006)。如何有效促进土地流转并切实提高农村经济生活水平,以缓解耕地细碎化利用状况以及发展农村经济,成为增强农村劳动力的专业化、拓宽农民收入的重要问题。

(1)土地流转前做好科学规划

在进行土地流转前,应结合区域特色和产业发展做好相关规划。① 科学规划,制定乡镇经济发展新战略。以经济建设为中心、农民就业增收为核心,以"优化一产、强化二产、带动三产"的定位原则,充分发挥乡镇区域、环境及后发优势。科学规划,坚持因地制宜、统筹规划,量力而行、适度超前发展原则,制定乡镇二三产业发展新战略。② 突出特色,因地制宜选择主导产业。在土地利用上,坚持"保住总量、控制增量、盘活存量、集约高效"原则,充分利用闲置(低效)土地资源和自然资源,优化农业生产结构,建设第二产业基地,引进适宜当地发展的科技含量高、竞争力强的主导产业,并以此为依托引进相关生产企业。③ 拓展发展空间,推动生态旅游开发。通过有偿回购或兼并重组方式整顿散小型、低劣型企业,建立高技术、高效益的劳动密集型产业,在提高土地利用效率的同时促进农村富余劳动力的就地转移。以此为基础,加强基础设施和环境建设投入,结合休闲观光采摘式农业、自然山水资源等,大力发展休闲、娱乐、餐饮等产业,带动第三产业的发展。

(2)土地流转后做好培训和安置

对土地流转后形成的失地农民,应通过教育和培训多渠道做好安置工作。① 开展农村劳动力职业化教育,从根源上解决农民难就业、就业难问题。留守失地农民大多文化水平比较低,应针对人群特点,选择易懂、效率高的途径,有针对性地提升专项技能。根据当地经济发展的规律、特点,针对农民适应现代化农业生产的需求,定期或不定期地对农民进行职能培训,提高其文化素养以及增强他们的生产能力。② 采取多样化的实践指导培训,通过"试验—试点—推广"及"基地—示范农户—农户"的模式培训,通过农业生产实践取信于民,实地培训农民、指导农民,进而推广到实训农民。在农业生产过程中突显出农民技能培训的成效,在加强示范基地建设的同时,深入田间地头进行现场指导培训。③ 加强农村信息化培训,充分利用广大传播媒介,以村为单位组织村民利用电视、广播或网络等多种传播媒介对农民进行远程教育;组建农村文化站等,利用图书、期刊、音像资料等向农民传输各种致富信息与途径;建立健全农业信息网络体系,结合农业发展现状、农民培训需求、农产品供求信息和农民工雇用信息等,充分利用互联网技术,搭建农业信息互动平台。

(3) 完善相关就业扶持政策与支撑体系

为了促进土地流转和谐有序开展,需建立和完善相关扶持政策及支撑体系。① 改善老化落后的农民技能培训体系,加快培训机构的市场准入、培训教师的资质认定等工作,保障农民培训工作有法可依,并建立起包括法律监督、行政监督和社会监督的监督评价机制。② 建立农民培训激励机制,对参训农民采取发放奖励、困难补贴等措施,提高农民参加培训的积极性。对教育、科研单位和社会培训机构开设专项基金等优惠政策,调动其参与培训工作的积极性。③ 建立政府的固定投入机制。根据地方经济发展水平,确定各地区农民培训的投入标准,通过制定税收、金融等方面的优惠政策,鼓励、引导企业加大对农民培训的投资。有条件的地方,可由政府出台财政贴息等政策,鼓励农业银行、农村信用社等金融机构通过低息贷款、放宽贷款条件等为农民培训提供资金支持。

10.3.2　充分发挥基层组织引导作用

基层组织在土地流转与土地整治中发挥着统筹协调作用,上级政府通过农村基层组织宣传政策、动员群众、实施具体方案,而群众则通过基层组织表达意愿和需求偏好。因此,对于上级政府而言,基层组织是政策的宣传者;对于农民而言,基层组织是需求的表达者;对于外来组织者,基层组织是利益的协调者。因此,在与农民沟通的过程中,通过基层组织的统筹协调,可以引导农民多样化的思想观念在求同存异中形成共识,把自上而下的制度安排转化为农民认可的规则,从而增强土地流转和土地整治的效率。因而,破解土地细碎化难题,须加强农村基层组织建设,夯实村民自治制度,调动农民广泛参与的积极性。

取消农业税后,农村工作重点和工作方法都发生了重大变革。第一,要切实转变职能,转移农村工作重点,由过去的"指令型工作"向"服务型工作"转变,完或工作任务要与优化服务相统一,注重以优化服务为主,把主要精力用在加强对农业和农村经济发展的引导和指导上来。适应农村社会生产力发展的客观要求,积极组织和发展农村社会化服务组织和其他经济合作组织,变过去单纯的指挥为科学的引导,变管理为服务。通过为农民提供产前、产中和产后的各种服务,把农民的分散生产经营与集体规划结合起来,把家庭小生产与社会大市场联结起来,从而取得领导和组织农民的主动权。第二,要完善农村工作业绩考核机制。坚持定量与定性相结合,从先进性建设、精神文明建设、集体经济发展、农民增收、村务规范管理、公益事业、农村稳定、群众满意程度等方面细化量化指标,制定创业型乡村班子实绩考核评价体系。根据实绩考核情况,完善奖惩措施,树立正确导向,激励乡村班子想事干事、推动发展。要进一步推行和完善村干部目标管理考核制度,改变过去采用单一考核渠道的形式,拓宽对村干部的考核范围,确保农村各项工作全方位上台阶;建立村组干部目标管理考核制度,对村'两委'(村党支部委员会、村民委员会)干部、村民小组长等人员全部列入年度目标管理考核,制定考评细则。第三,建立健全村干部激励保障机制。上级组织和有关部门要关心、爱护、支持农村基层干部,为他们开展工作创造良好的条件和环境。对实绩突出、群众拥护的干部,要大力宣传、表彰,给予鼓励和奖励,增强他们的荣誉感,进一步激发"两委"干部工作热情;对农村基层干部工作和生活上的困难,要予以关心和照顾。

10.3.3　建立完善农地流转市场的中介组织

政府和村组织应加强市场中介组织的建设,降低农地流转的交易成本,为农地经营权流转提供运行载体,使服务专业化、社会化,降低农地流转中的交易成本,打破目前农地流转交易的封闭性(孔融融,2011)。通过发挥中介组织的桥梁作用,引入工商资本、民间资本和外来资本开发农业,培育农业企业家。大城市郊区具有优越的地理区位,受城市经济辐射影响较大,农地流转具有独特性,并对其土地利用和农业发展有着较大影响。从目前的种植结构来看,大部分近郊地区仍然种植传统的粮食作物和经济作物。工商资本、民间资本和外来资本介入农业开发后,能够大规模发展高效农业,具有较强的租金支付能力,使得农民在价格机制的作用下,自愿将土地流转出去。

(1)严格规范土地流转管理工作

一要依法制定相应的规范操作程序。对发生土地流转者,当事人双方必须签订符合法律要求的合同,必须由村委会或村经济合作社备案,必须由乡(镇)合同管理委员会鉴证。对涉及时间较长、面积较大的流转合同,必须到相应的公证处办理公证。对涉及全村农户利益的土地流转,必须经村民代表以上会议通过才能开展。二要制定科学的土地流转价格体系。要坚持群众利益高于一切的原则,制定科学的土地流转价格体系,切实保障农民的利益。三要健全土地流转管理机构。要充分发挥农业承包合同管理部门的组织协调作用,健全土地流转管理机构,加强对土地流转的监督和管理,及时向农民提供规范的土地流转合同文本,建立完善土地档案,妥善处理土地流转纠纷。四要建立健全土地承包经营权流转服务中心,为农户开展流转前、流转后的各项事宜服务。五要制定推进土地流转的优惠政策。各级政府应出台鼓励开展土地经营权流转的优惠政策,鼓励农户以转包、出租、互换、转让、入股等多种形式流转土地,鼓励农户委托村经济合作社统一流转土地,鼓励懂技术、善经营、会管理、有资金的种养大户、农民专业合作社、农业科技人员投资开发农户流转的土地,鼓励工商企业投资农业、龙头企业建设农产品原料基地等,全力推进土地流转。

从政府角度,应对以下问题引起重视的:一是必须严格控制土地的流向,避免耕地资源的流失;二是严格土地征用制度,完善土地补偿机制,严厉制止各种强占与寻租行为;三是通过户籍制度改革,对放弃土地的农民在身份平等和社会保障等方面提供援助,特别应强化对可持续的就业能力的培训;四是为避免土地流转与集中过程中可能出现的垄断,有必要对进行农村土地流转的主体身份、方式与范围做出明确界定,并建立相应的规范机制;五是由于经济发展水平的差异,政策对不同地区的农民会带来不同的利益,可能会导致新的贫富差距,应建立合理的税收调节机制。

(2)发展中介服务组织体制建设

农村土地流转市场正常运行的关键在于土地使用权流转价格要公正合理地反映市场供求关系。土地资产评估机构要科学估价;信息服务机构要及时准确地传递价格变动信息,引导土地使用权按照市场需求合理流转;法律服务机构要引导土地流转各方规范合同的签订,调解土地流转过程中产生的纠纷。此外,还应着力培育土地金融服务中介机构,促进土地要素与资金、劳动力和技术等其他生产要素相结合,产生最佳的经济效益。

土地流转中介组织的发展对建立完善的土地流转支撑体系具有重要作用。当前农村土地流转中介组织运营机制尚不够健全,组织化程度较低,运作不规范等问题突出。政府应根据实际情况加强微观性管理和具体性指导,对其经营权限、业务范围、内部结构和自治规程等做出必要的规定。同时,也可参照和引入一些现代企业的经营管理方式,将其办成产权清晰、政企分开、权责明确、管理科学的中介组织。另外,可依据实际情况规范土地流转中介组织的行规、行约,使其诚信自律,建立完善的诚信机制体系。探索建立行业信用档案,开展信用等级评定,使土地流转中介组织的诚信逐步走向制度化。

（3）加强农村土地流转中介组织自身建设

农村土地流转中介组织应走自我完善、自我发展的道路。① 加强行业自律。行业自律是规范土地流转中介组织的核心环节,政府监管机构对土地流转中介组织的监督管理,应在加强监管行业自律上下功夫。② 提高土地流转中介组织的整体素质。一方面是提高工作人员的素质,提高其思想觉悟和业务素质,增强其法制观念和责任意识;另一方面是要依法对土地流转中介组织及其从业人员进行相对严格的资格审查和执业登记。③ 规范土地流转中介组织的内部结构,强化自我管理,强化土地流转中介组织的自主经营、自我发展、自我约束,树立公平公正的行业形象。④ 正确处理好与服务对象的关系。农村土地流转中介组织要坚持为农民服务的宗旨,维护农民的土地流转利益,中介组织与农民是平等的服务与被服务的关系,可根据规定收取一定的服务报酬。同时,要积极协调和解决农民之间的土地流转纠纷和矛盾,做好调节者和裁判员。

10.3.4　加强细碎化农地整治的制度建设

加强耕地细碎化整治制度建设是规范相关行为、推动经济社会科学发展的必要举措。尤其是随着细碎化农地整理理论研究、实际操作等方面的深入,进一步加强制度建设,能够保障耕地细碎化整治的各个环节有序发展。

耕地问题关系到农户的生存大计和社会稳定,因此在整治过程中需要法律制度作为保障才能真正提高农户参与的积极性,维护农民的切身权益。破除耕地细碎化问题,促进规模化经营,需要政府协调城镇化步伐,适时调整法律制度。可尝试推广"按产量分配"的分田标准,适度调整先前"按人分配"的分配制度,从而有效降低耕地细碎化程度。此外,因地制宜地落实和推广政策性农业保险制度,建立农产品市场监管机制和价格机制,提高农户的抗风险能力,促进实现农户的稳定增收。从长远来看,改革城乡分割的户籍制度,建立城乡一体化的社会保障制度,调整农业和农村经济结构,同时推进城镇化和工业化进程,弱化土地的社会保障功能,并加强农户职业培训,可为农村剩余劳动力的永久性转移和从根本上破解耕地细碎困境创造有利条件(王军强等,2014)。

土地权属调整是细碎化农地整治制度的核心环节。科学高效的土地权属调整,有利于改善细碎化现状以及进一步提升后期农业效益。① 调整方案的优劣直接关系到土地整治的效果,应在坚持公平、公正、自愿和方便生产、方便生活的原则下,查清土地整治前的土地权属现状,明确具体的土地权属主体和权利人,核实整治前权利人的土地数量、质量界线等与权属相关的因素,对每个权利人的土地进行登记造册,明确整治前各权利主体或权利人的产权。然后依据土地整治规划,在尽量不改变土地产权位置的情况下,充分与项目区权利主体或权利人进行沟通,听取他们的想法和建议,结合项目实际情况,制定出最佳调整方案。土地整治工作完成后,应由村委会召开土地产权分配大会,由全体产权人参加,秉承公正、公开、透明原则在尽量不改变产权人原有土地面积和质量的情况下公开进行分配。土地权属管理机构应对土地产权分配过程进行监督。

10.3.5 整合耕地细碎化治理的信息资源

在互联网普遍使用的今天,大数据已然成为社会治理的重要工具。通过信息平台,搜集土地环境信息、农地基础设施信息、农地地籍信息和农村社会经济信息等,借助大数据分析技术对所搜集的信息进行综合分析,以实现对农地耕作情况的全面把握,为因地制宜地识别区域耕地资源问题发挥指导作用。

可建立政府、非政府组织与公民之间跨层级、单位和网站的沟通平台,将不同治理主体的各种资源进行整合,优化政府与社会间的互动机制,形成良性互动机制(贺雪峰等,2015)。

参考文献

白志远,陈英,谢保鹏,等.2014.ArcGIS 支持下的景观细碎化与耕地利用效率关系研究——以甘肃省康乐县为例.干旱区资源与环境,28(4):42-47.

车冰清,孟德友,陆玉麒,等.2017.江苏省空间开发适宜性与土地利用效率的协调性分析.中国土地科学,31(5):20-30.

苏春苗.2012.焦作市耕地细碎化测度及其效应分析.焦作:河南理工大学硕士学位论文.

苏海清.1992."有偿两田"承包的实践与体会.中国农村经济,(7):37-39.

苏红宇,朱道林,郧文聚,等.2012.嘉兴市耕地细碎化和空间集聚格局分析.农业工程学报,28(4):235-242.

陈灵肖.2006.我国农户农地流转行为研究——基于湖南、贵州、云南 1001 个农户样本的调查.南京:南京农业大学硕士学位论文.

陈培勇,陈风波.2011.土地细碎化的起因及其影响的研究综述.中国土地科学,25(9):90-96.

陈烨烽,王艳慧,赵文吉,等.2017.中国贫困村致贫因素分析及贫困类型划分.地理学报,72(10):1827-1844.

丁悦,蔡建明,任周鹏,等.2014.基于地理探测器的国家级经济技术开发区经济增长率空间分异及影响因素.地理科学进展,33(5):657-666.

董洋洋.2012.商水县白寺镇耕地细碎化评价研究.郑州:河南农业大学硕士学位论文.

封志明,李香莲.2000.耕地与粮食安全战略:藏粮于土,提高中国土地资源的综合生产能力.地理与地理信息科学,16(3):1-5.

冯广京,林坚,胡振琪,等.2013.2012 年土地科学研究重点进展评述及 2013 年展望.中国土地科学,27(1):84-96.

顾宜.2010.土地开发整理中的权属管理研究——以吉林省西部土地开发整理重大工程为例.长春大学学报,(5):7-10,24.

郭贯成,丁晨曦.2016.土地细碎化对粮食生产规模报酬影响的量化研究——基于江苏省盐城市、徐州市的实证数据.自然资源学报,31(2):202-214.

郭海霞,任大鹏.2008.我国农地经营细碎化问题研究.求实,(3):86-88.

郭珍.2018.中国耕地保护制度的演进及其实施绩效评价.南通大学学报(社会科学版),(2):67-73.

何炳棣.2000.明初以降人口及其相关问题.北京:北京三联书店:1368-1953.

侯方安.2009.耕地细碎化对农业机械化的影响研究.中国农机化,(2):68-72.

胡丹,舒晓波,尧波,等.2014.江西省县域人均粮食占有量的时空格局演变.地域研究与开发,33(4):157-162.

黄贤金.1998.不同经济发展水平地区农地规模经营问题研究——以江苏省锡山、金坛、武进、涟水县(市)为例.中国农学会新的农业科技革命战略与对策讨论会.

黄贤金,尼克·哈瑞柯,鲁尔特·卢本,等.2001.中国农村土地市场运行机理分析.江海学刊, (2):9-15.

姜广辉,张凤荣,孔祥斌,等.2011.耕地多功能的层次性及其多功能保护.中国土地科学,(8): 42-47.

蒋满元.2005.我国耕地资源现状及可持续利用的理性选择分析.农村经济,(9):40-43.

孔融融.2011.农地流转对土地细碎化及农业产出的影响——以南京市为例.南京:南京农业 大学硕士学位论文.

李灿,张凤荣,朱泰峰,等.2013.大城市边缘区景观破碎化空间异质性——以北京市顺义区为 例.生态学报,33(17):5363-5374.

李功奎.2006.农地细碎化、劳动力利用与农民收入.南京:南京农业大学博士学位论文.

李树生.2011.耕地细碎化与生产效率研究.开封:河南大学硕士学位论文.

李香莲.2015.基本农田细碎度评价与空间格局分析.南昌:东华理工大学硕士学位论文.

李鑫,欧名豪,马贤磊.2011.基于景观指数的细碎化对耕地利用效率影响研究——以扬州市 里下河区域为例.自然资源学报,26(10):1758-1767.

刘晶,金晓斌,范业婷,等.2018.基于"城—村—地"三维视角的农村居民点整理策略——以 江苏省新沂市为例.地理研究,37(4):678-694.

刘晶,金晓斌,张志飞,等.2017.低效(闲置)铁路存量用地综合开发利用策略分析:方法与实 证.自然资源学报,32(3):377-390.

刘娜.2016.基于格网的黄河三角洲土地综合承载力评价研究.济南:山东师范大学硕士学位 论文.

刘涛,曲福田,金晶.2008.土地细碎化、土地流转对农户土地利用效率的影响.资源科学, (10):1511-1516.

刘彦随.2007.中国东部沿海地区乡村转型发展与新农村建设.地理学报,62(6):563-570.

刘彦随,李进涛.2017.中国县域农村贫困化分异机制的地理探测与优化决策.地理学报, 72(1):161-173.

龙花楼,邹健,李婷婷,等.2012.乡村转型发展特征评价及地域类型划分——以"苏南—陕 北"样带为例.地理研究,31(3):495-506.

卢华,胡浩,耿献辉.2016.土地细碎化、地块规模与农业生产效益——基于江苏省调研数据的 经验分析.华中科技大学学报(社会科学版),30(4):81-90.

卢华,胡浩.2015.土地细碎化、种植多样化对农业生产利润和效率的影响分析——基于江苏 农户的微观调查.农业技术经济,(7):4-15.

吕晓,黄贤金,钟太洋,等.2011.中国农地细碎化问题研究进展.自然资源学报,26(3): 530-540.

吕晓,史洋洋.2018.江苏省城乡建设用地经济密度的时空格局演变.中国土地科学,32(2): 27-33.

吕振宇,牛灵安,郝晋珉,等.2014.基于层次分析法的耕地细碎化程度多指标综合评价研究. 中国农学通报,30(26):200-206.

倪九派,李萍,魏朝富,等.2009.基于AHP和熵权法赋权的区域土地开发整理潜力评价.农业 工程学报,25(5):202-209.

贺雪峰,印子.2015."小农经济"与农业现代化的路径选择——兼评农业现代化激进主义.政 治经济学评论,6(2):45-65.

欧阳玲.2008.人地关系理论研究进展.赤峰学院学报(自然科学版),(3):103-105.

邱书钦.2017.农田土地细碎化治理及制度变革启示——安徽省怀远县"一户一块田"的实践 探索.西部论坛,4:30-36.

石迪迪. 2013. 基本农田细碎度评价及其应用研究——以湖州市为例. 杭州:浙江大学硕士学位论文.

苏旭霞,王秀清. 2002. 农用地细碎化与农户粮食生产——以山东省莱西市为例的分析. 中国农村观察,(3):22-28+80.

孙龙锡,程炜. 2018. 新形势下耕地保护工作存在问题与强化措施. 科技经济导刊,(3):75-76.

孙秋灵. 2015. 国土资源开发与区域经济发展. 科技创新与应用,(18):161.

孙文盛. 2005. 大力推进节约集约用地促进经济社会可持续发展——在市长研讨班暨厅局长座谈会上的讲话. 国土资源通讯,(14):24-28.

孙雁. 2008. 县域土地细碎化及其对土地可持续利用的影响. 南京:南京农业大学博士学位论文.

孙雁. 2013. 农地细碎化的国内外研究进展. 安徽农业科学,(15):6921-6925.

孙雁,刘友兆. 2010. 基于细碎化的土地资源可持续利用评价——以江西分宜县为例. 自然资源学报,25(5):802-810.

孙雁,赵小敏. 2010. 分宜县土地细碎化的中观尺度研究. 中国土地科学,24(4):25-31.

谈明洪,吕昌河. 2005. 城市用地扩展与耕地保护. 自然资源学报,(1):52-58.

谭淑豪,曲福田. 2003. 土地细碎化的成因及其影响因素分析. 中国农村观察,(6):24-30+74.

谭永忠,何巨,岳文泽,等. 2017. 全国第二次土地调查前后中国耕地面积变化的空间格局. 自然资源学报,32(2):186-197.

田传浩,方丽. 2013. 土地调整与农地租赁市场:基于数量和质量的双重视角. 经济研究,(2):110-121.

田孟,贺雪峰. 2015 中国的农地细碎化及其治理之道. 江西财经大学学报,(2):88-96.

通拉嘎,徐新良,付颖,等. 2014. 地理环境因子对螺情影响的探测分析. 地理科学进展,33(5):625-635.

万广华,程恩江. 1996. 规模经济、土地细碎化与我国的粮食生产. 中国农村观察,3(3):31-36+64.

王劲峰. 2010. 基于地理探测器的健康风险评估及其在神经管缺陷的应用:以中国和顺地区为例. 国际地理信息科学杂志,24(1):107-127.

王劲峰,廖一兰,刘鑫. 2010. 空间数据分析教程. 北京:科学出版社.

王劲峰,徐成东. 2017. 地理探测器:原理与展望. 地理学报,72(1):116-134.

王军强,郭青霞,赵富才,等. 2014. 耕地细碎化的影响效应及对策研究进展. 广东农业科学,41(18):194-199.

王书明,郭起剑. 2018. 江苏城镇化发展质量评价研究. 生态经济,34(3):97-102.

王兴稳. 2008. 农民间土地流转市场与农地细碎化. 南京:南京农业大学博士学位论文.

王兴稳,钟甫宁. 2008a. 土地细碎化与农用地流转市场. 中国农村观察,(4):29-34.

王兴稳,钟甫宁. 2008b. 土地租赁市场与土地细碎化——基于江苏兴化市、黑龙江宾县两地调查. 江西农业学报,(6):133-136.

王秀清,苏旭霞. 2002. 农用地细碎化对农业生产的影响——以山东省莱西市为例. 农业技术经济,(2):2-7.

王亚辉,李秀彬,辛良杰,等. 2017. 中国农地经营规模对农业劳动生产率的影响及其区域差异. 自然资源学报,32(4):539-552.

王延强,陈利根. 2008. 农户集中居住对农地细碎化程度的影响——江苏省江都市农户集中居住的实况调查与思考. 农村经济,(10):6-9.

温铁军. 2001. 三农问题"世纪反思". 科学决策,(1):2-6.

文高辉,杨钢桥,李岩,等.2016.农地整治对耕地细碎化的治理效果及其原因分析——以湖北省江夏、咸安、通山三区(县)为实证.中国土地科学,(9):82-89.

吴传钧.1996.展望中国人文地理学的发展.人文地理,(S1):1-10.

武鹏,李同昇,李卫民.2018.县域农村贫困化空间分异及其影响因素——以陕西山阳县为例.地理研究,37(3):593-606.

夏国刚.2016.生态文明视角下的土地利用总体规划.石河子科技,(6):7-11.

谢俊奇.1999.可持续土地利用系统研究.中国土地科学,(4):35-38.

邢丽霞,李亚民.2012.我国国土开发格局的演变与相关资源环境问题.中国人口·资源与环境,(S2):186-189.

徐为,张凤荣,姜广辉.2004.基于GIS下的海淀区土地利用变化动态分析农村经济,(8):16-18.

许庆,田士超,邵挺,等.2007.土地细碎化与农民收入:来自中国的实证研究.农业技术经济,(6):67-72.

许庆,田士超,徐志刚,等.2008.农地制度、土地细碎化与农民收入不平等.经济研究,(2):83-92.

许玉光,杨钢桥,文高辉.2017.耕地细碎化对耕地利用效率的影响——基于不同经营规模农户的实证分析.农业现代化研究,38(4):688-695.

杨敏,吴克宁,高星.2016.地方解决耕地细碎化的经验及借鉴.中国土地,(8):49-50.

杨庆媛,涂建军.2004.国外土地整理:性质、研究领域及借鉴.绿色中国,(6):49-52.

姚震,周鑫.2014.国土资源领域生态文明建设面临的问题及对策.资源与产业,(1):117-120.

叶春辉,许庆,徐志刚.2008.农地细碎化的缘由与效应——历史视角下的经济学解释.农业经济问题,(9):9-15,110.

叶妍君,齐清文,姜莉莉,等.2018.基于地理探测器的黑龙江垦区农场粮食产量影响因素分析.地理研究,37(1):171-182.

湛东升,张文忠,余建辉,等.2015.基于地理探测器的北京市居民宜居满意度影响机理.地理科学进展,34(8):966-975.

张蚌蚌.2017.细碎化视角下耕地利用系统空间重组优化理论、模式与路径.北京:中国农业大学博士学位论文.

张蚌蚌,王数,徐艳,等.2013.基于耕作地块调查的土地整理规划设计——以太康县王盘村为例.中国土地科学,(10):44-50.

张杰,潘晓玲.2010.天山北麓山地—绿洲—荒漠生态系统净初级生产力空间分布格局及其季节变化.干旱区地理,33(1):78-86.

张瑞娟,姜广辉,王明珠,等.2015.基于多维特征组合的农村居民点布局分类.农业工程学报,31(4):286-292.

张士功.2005.中国耕地资源的基本态势及其近年来数量变化研究.中国农学通报,(6):374-378.

张尹君杰,卓建伟.2008.土地细碎化的正面与负面效应的双重论证——基于河北省农户固定观察点资料的实证研究.江西农业大学学报(社会科学版),(4):25-29.

赵丛林.2017.我国土地资源利用现状及可持续利用措施.现代农村科技,(7):7.

赵凯.2011.论土地细碎化及其定量测定方法.中国土地科学,25(10):35-39.

郑度,陈述彭.2001.地理学研究进展与前沿领域地球科学进展,(5):599-606.

郑荣宝,刘毅华,董玉祥,等.2009.基于主体功能区划的广州市土地资源安全评价.地理学报,64(6):654-664.

钟甫宁,王兴稳.2010.现阶段农地流转市场能减轻土地细碎化程度吗——来自江苏兴化和黑龙江宾县的初步证据.农业经济问题,(1):23-32,110.

周婷婷.2017.重庆市土地综合承载力评价研究.重庆:重庆大学硕士学位论文.

朱高儒,董玉祥.2009.基于公里网格评价法的市域主体功能区划与调整——以广州市为例.经济地理,29(7):1097-1102.

朱会义,何书金,张明.2001.环渤海地区土地利用变化的驱动力分析.地理研究,(6):669-678.

庄大方,刘纪远.1997.中国土地利用程度的区域分异模型研究.自然资源学报,(2):10-16.

Agarwal S K. 1972. Economics of land consolidation in India. New Delhi: Chand.

Bentley J W. 1987. Economic and ecological approaches to land fragmentation: in defense of a much-maligned phenomenon, 16: 31-37.

Binns B O. 1950. The consolidation of fragmented agricultural holdings, FAO Agriculture Studies, 11, Washiongton D. C.

Blare B, Hazell P, Place F, et al. 1992. The economics of farm fragmentation: Evidence from Ghana and Rwanda. The World Bank Economic Review, 6(2): 233-254.

Brundtland G H. 1987. World commission on environment and development. Environmental Policy & Law, 14(1): 26-30.

Chao K. 1986. Man and land in Chinese history: an economic analysis. Stanford California Stanford University Press, 32(2): 220-221.

Dovring F, Dovring K. 1960. Land and labor in Europe in 1900-1950. The Hague: Martinus Nyhoff.

Falco S D, Penov I, Aleksiev A, et al. 2010. Agrobiodiversity, farm profits and land fragmentation: evidence from Bulgaria. Land Use Policy, 27(3): 763-771.

Fenoaltea S R. 1976. Transaction costs and the organization of medieval agriculture. Explorations in Economic History, 3(2): 129-151.

Flsisher B, Liu Y H. 1992. Economies of scale, plot size, human capital and productivity in Chinese agriculture. Quarterly Review of Economics and Finance, 32(3): 112-123.

Frederic O S. 1952. Frgmentation of French land: It's nature, extent, and causes. Land Economics, 28: 218-229.

Hazarika J, Alwang J. 2003. Access to credit, plot size and cost inefficiency among smallholder tobacco cultivators in Malawi. Agricultural Eco-nomics, 29(1): 99-109.

Heston A, Kumar D. 1983. The persistence of land fragmentation in peasant agriculture: an analysis of South Asian cases. Exploration on Economic History, 20(2): 199-220.

Hung N M, Makdissi P. 2004. Escaping the poverty trap in a developing rural economy. Canadian Journal of Economics/revue Canadienne Déconomique, 37(1): 123-139.

Jabarin A S, Epplin F M. 1994. Impacts of land fragmentation on the cost of producing wheat in the rain-fed region of northern Jordan. Agricultural Economics, 11: 191-196.

King R L, Burton S P. 1982. Land fragmentation, a fundatmental rural spatial problem. Prog. Hunm. Grogr, 6: 475-494.

McPherson M F. 1982. Land fragmentation: A selected literature review. Harvard Institute for International Development, Harvard University, (141): 85.

Murayama Y, Thapa R B. 2011. Spatial analysis and modeling in geographical transformation process: GIS-based applications. Berlin: Springer-Verlag.

Niroula G S, Thapa G B. 2005. Impacts and causes of land fragmentation, and lessons learned from land consolidation in South Asia. Land Use Policy, 22(4): 358-372.

Nguyen T, Cheng E, Findlay C. 1996. Land fragmentation and farm productivity in China in the

1990s. China Economic Review, 7(2): 169 - 180.

Papageorgiou E. 1963. Fragmentation of land holdings and measures for consolidation in Greece// Paesons K H, Pen R J, Raup P M, et al. Land Tenure. Madison: University of Wisconsin.

Ram K A, Tsunekawa A, Sahad D K, et al. 1999. Subdivision and fragmentation of land holdings and their implication in desertification in the Thar Desert, India. Journal of Arid Environments, 41(4): 463 - 477.

Sargent F O. 1952. Fragmentation of French Land: is nature, extent, and causes. Land Economics, 28(3): 218 - 229.

Street J H. 1953. The economic organization of agriculture. American Economic Review, 43(5): 999 - 1001.

Schultz T W. 1953. The economic organization of agriculture. New York: McGraw Hill.

Salvatore D F, Ivan P, Aleksi A, et al. 2010. Agrobiodiversity, farm profits and land fragmentation: evidence from Bulgaria. Land Use Policy, 27(3): 763 - 771.

Sherlund S M, Barrett C B, Adesina A A. 2002. Smallholder technical efficiency controlling for environmental production conditions. Journal of Development Economics,69: 85 - 101.

Thapa G B, Niroula G S. 2008. Alternative options of land consolidation in the mountains of Nepal: an analysis based on stakeholders' opinions. Land Use Policy, 25(3): 338 - 350.

Tin N, Enjiang C, Christopher F. 1996. Land fragmentation and farm productivity in China in the 1990s. China Economic Review, 7(2): 169 - 180.

Van H P, Gordon M T, Marsh S P. 2004. The economics of land fragmentation in the North of Vietnan, Contributed paper presented at the 48th annual Conference of the Australian Agricultural and Resource Economics Society. Melbourne, Victoria.

Wadud A, White B. 2000. Farm household efficiency in Bangladesh: a comparison of Stochastic Frotoer and DEA methods. Applied Economics, 3(1): 1665 - 1673.

Wan G H, Cheng E J. 2001. Effects of land fragmentation and returns to scale in the Chinese farming sector. Applied Economics, 33: 183 - 19.

World Commission on Environment and Development. 1987. Our Common Future. New York: Oxford University Press.

Wu Z P,Liu M Q,John D. 2005. Land consolidation and productivity in Chinese household crop production. China Economic Review,16(1): 28 - 49.

Yang H, Li X B. 2000. Cultivated land and food supply in China. Land Use Polic, 17(2): 73 - 88.

Zhang L X, Huang J K, Rozelle S, et al. 1997. Land policy and land use in China. Organization Economics Cooperation & Development: 71 - 77.

附录　江苏省（分县）耕地细碎特征分区结果

致碎类型	县级代码	耕地细碎化特征分区						总计
		规模流转区	集约归并区	利用提升区	设施改造区	资源优配区	综合整治区	
多因素联合致碎型（Ⅰ型）	320292						6	6
	320404		1			2	2	5
	320602						5	5
	320611						6	6
	320706		2	4		1	1	8
	320811		2	4				6
	321002	1	5			1	3	10
	321088	9		1	2	1	2	15
	321113					4	2	6
Ⅰ型汇总		10	10	9	2	9	27	67
社会经济致碎型（Ⅱ型）	320111		3			1	6	10
	320113			1	1	4	4	10
	320114		1				3	4
	320115	1	1			2	5	9
	320124						8	8
	320206	1	5			1		7
	320302		3	3			2	8
	320305	1	2	7	1	1		12
	320321		1		13			14
	320322		1	6	10			17
	320411	1	2			2	6	11
	320482			2	2	1	3	8
	320505		4		1	1	1	7
	320507		4	1		3	1	9
	320581				9	2	1	12
	320582		4	1	1		4	10

致碎类型	县级代码	耕地细碎化特征分区						总计
		规模流转区	集约归并区	利用提升区	设施改造区	资源优配区	综合整治区	
社会经济致碎型（Ⅱ型）	320583						11	11
	320584		3		1		7	11
	320604				3		5	8
	320623	9	4	1	1			15
	320684		2		5	3	20	30
	320703		5		3		2	10
	320804		1	14	7			22
	320805		1	3	1	2	1	8
	320829		3	8				11
	320902	1	1		1	4	7	14
	320923	1		4	5	4	1	15
	320925	6	1	1	1	6	1	16
	321003		4				11	15
	321084	13	3	3	1	1	2	23
	321111				1		3	4
	321112				3		7	10
	321181	3				3	8	14
	321182	1	1		3	4		9
	321183						13	13
	321202		1		2	1	8	12
	321302		1	9	9			19
	321311	3	1	14				18
	321324	1	2	16	6		1	26
Ⅱ型汇总		42	65	94	91	46	152	490
生产生活致碎型（Ⅲ型）	320102					1	2	3
	320103						1	1
	320104						1	1
	320105		1					1
	320107					1		1
	320202		1					1
	320203						1	1
	320204		1				1	2
	320211		2			2	5	9
	320281		1		1	3	17	22
	320323		1	15	5	1		22
	320381			16				16
	320402		2			1		3

续　表

致碎类型	县级代码	耕地细碎化特征分区						总计
		规模流转区	集约归并区	利用提升区	设施改造区	资源优配区	综合整治区	
生产生活致碎型（Ⅲ型）	320405		2				1	3
	320412		1	1	1	4	9	16
	320502		1			1		2
	320503		1				1	2
	320504						3	3
	320506		6		3	4	1	14
	320513						3	3
	320621	5	3	2	2	3	1	16
	320681		2	2	5		11	20
	320682	9	3	2		6	2	22
	320683	1	2		3	10	7	23
	320705			1	2	3	3	9
	320721		1	18	1			20
	320722			15	9		1	25
	320723			13	10			23
	320724	2		7	4	1		14
	320802		1		1	1		3
	320803	4		13	9	2		28
	320826	3		15	1			19
	320831	3		9	9		1	22
	320903	2		3	10			15
	320913				1		1	2
	320921				14	1	3	18
	320922			1	9	6	2	18
	320924	1	1		7	7	8	24
	320981	4	1	1	12	10	2	30
	320982		1	1	17	2		21
	321004		2				1	3
	321023	4	2	5	2	2		5
	321204					3	1	4
	321281		1	7	26		3	37
	321282			2	7	5	2	16
	321283	12				7	4	23
	321284	1		4	9	3	1	18
	321322			34	1			35
	321323			11	7			18
Ⅲ型汇总		51	40	198	188	90	100	667

致碎类型	县级代码	耕地细碎化特征分区						总计
		规模流转区	集约归并区	利用提升区	设施改造区	资源优配区	综合整治区	
自然条件致碎型（Ⅳ型）	320116	1	4				7	12
	320125				4		4	8
	320205	1	4			2		7
	320282	2	11	1	1	2	4	21
	320303	1	1	2		1	1	6
	320311		4		1		1	6
	320324			11	5			16
	320382		2	17	5			24
	320481		3			2	7	12
	320585					1	6	7
	320830		2	11	3	1		20
	321081	3				3	8	14
	321102				2		3	5
	321203	1		1	1	2	2	7
Ⅳ型汇总		12	31	43	22	14	43	165
总　计		115	146	344	303	159	322	1 389

后　记

　　本书是在国家科技支撑计划项目"长三角经济区基本农田建设技术研究与示范"（2015BAD06B02）相关研究的基础上，结合江苏省土地开发整理中心与南京大学联合完成的"江苏省土地细碎化整治潜力与成效监测"项目成果，经补充、完善、深化、拓展编写而成。上述研究围绕生态文明、资源节约、粮食安全等国家战略，针对当前我国耕地细碎化问题日趋严峻、城镇建设对农业空间的挤占作用明显、资源环境与经济发展之间的矛盾日益加剧，以及新时期以促进农业改造提质、推进集约规模经营、加快现代化农业发展为重点的土地整治时代要求，以江苏省为研究区，从理论、方法、实践三个层面对耕地细碎化的尺度特征、综合评价、致碎机理、分异机制、整治协同、类型分区等进行了系统研究。本研究旨在丰富耕地细碎化的内涵与外延、细化耕地细碎化的空间尺度特征、拓展耕地细碎化的研究尺度、完善耕地细碎化的空间测度体系、明晰耕地细碎化的地域分异机制，为因地制宜的破解耕地细碎化困境、保障粮食安全、推进农业现代化发展提供有益借鉴，助力国家农业现代化战略实施。

　　耕地资源事关国家粮食安全、经济安全、生态安全和社会稳定。作为我国传统农业生产中存在的突出问题，耕地细碎化在丰富农业种植结构、降低农业生产风险、增加农民收入的同时，也在一定程度上造成农业生产效率下降、农村劳动力浪费、农业生产成本增加等诸多负面影响，继而成为制约中国实现农业现代化和规模化发展的主要障碍之一。本书立足我国耕地经营过程中普遍存在的地块面积狭小、形状杂乱、权属交织等细碎化问题，对接国家战略需求和阶段性发展目标，以耕地细碎化为研究对象，研究内容包括：耕地细碎化的尺度特征与综合评价，耕地细碎化的影响与整治协同机理分析，省域尺度耕地细碎化空间分异特征分析，耕地细碎化的致碎因素探测与地域分异机制解析，"特征-成因"综合视角下的耕地细碎治理引导分区方案构建，典型项目区尺度耕地细碎化与土地整治成效分析，以及新时期江苏省耕地细碎化的整治建议。

　　本书从理论层面分析了耕地细碎化的空间尺度特征，明确了不同空间尺度下的耕地细碎特征与土地整治关联机理;从方法层面测度了耕地细碎化的地域分异特征,结合致碎因素探测和致碎机理解析,提出了江苏省耕地细碎治理引导分区方案,明确了不同分区下的耕地细碎化致碎机理及土地整治的主要整治方向和关键问题,并以典型土地整治项目区为对象,进一步验证了土地整治对破解耕地细碎化的积极作用;从政策层面提出耕地细碎化整治的措施途径与目标建议。

本书由金晓斌和徐翠兰拟定编写大纲并组织相关人员集体协作而成。具体分工如下:第1~2章,金晓斌、徐翠兰、隋雪艳执笔;第3章,孙瑞、刘敏执笔;第4章,李瑾、冯丹玥执笔;第5章,曹帅、韩博执笔;第6章,蒋宇超、张晓琳执笔;第7章,刘晶、孙瑞执笔;第8章,韩博、蒋宇超执笔;第9章,刘晶、曹帅执笔;第10章,徐翠兰、王晓瑞执笔。全书最后由金晓斌、刘晶统稿,李寒冰和冯丹玥协助完成了校对工作。南京大学地理与海洋科学学院部分学生也参加了调研和数据处理工作,包括博士研究生项晓敏、范业婷、单薇、洪长桥、薛樵风,以及硕士研究生王温鑫、王玉莹、徐慧、覃丽君、滕芸等。感谢大家辛苦的付出和四溢的智慧!

本书的编写得到了江苏省土地开发整理中心刘斌主任、施政斌总工程师的大力支持。在相关研究中,得到了南京大学地理与海洋科学学院黄贤金教授、周寅康教授、周生路教授、钟太洋副教授、陈志刚副教授等的指导、支持和帮助。本书编写时参考了大量国内外相关著作和研究成果,在此对著作作者和研究成果完成者表示衷心的感谢!

由于时间仓促,加之水平有限,书中恐有疏漏,恳切期望得到专家、学者及同行们的批评与指正!

作 者
2018 年 9 月